发展视域下的语文教育及模式研究

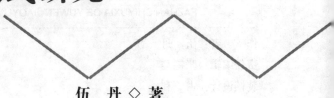

伍 丹◇著

哈尔滨出版社
HARBIN PUBLISHING HOUSE

图书在版编目（CIP）数据

发展视域下的语文教育及模式研究 / 伍丹著.

哈尔滨：哈尔滨出版社，2024. 6. -- ISBN 978-7-5484-
7978-9

Ⅰ. H19

中国国家版本馆CIP数据核字第2024ZZ0628号

书　　名：**发展视域下的语文教育及模式研究**
FAZHAN SHIYUXIA DE YUWEN JIAOYU JI MOSHI YANJIU

作　　者：伍　丹　著

责任编辑：张艳鑫

装帧设计：古　利

出版发行：哈尔滨出版社（Harbin Publishing House）

社　　址：哈尔滨市香坊区泰山路82-9号　　邮编：150090

经　　销：全国新华书店

印　　刷：三河市兴国印务有限公司

网　　址：www.hrbcbs.com

E-mail：hrbcbs@yeah.net

编辑版权热线：（0451）87900271　87900272

销售热线：（0451）87900202　87900203

开　　本：787mm×1092mm　　1/16　印张：9.5　字数：160千字

版　　次：2024年6月第1版

印　　次：2024年6月第1次印刷

书　　号：ISBN 978-7-5484-7978-9

定　　价：58.80元

凡购本社图书发现印装错误，请与本社印制部联系调换。**服务热线**：（0451）87900279

前　言

在当前快速发展的教育视域下，语文教育是培养学生综合素养的核心环节，它不仅是文字传承和语言技能的培养，还是一种深化思维、拓宽视野、培养创新力的过程。小学语文教育作为基础教育的重要组成部分，其重要性越发凸显。随着社会的变迁和科技的进步，小学语文教育不仅承载着传承中华文化的使命，还是培育学生综合素质、提高他们未来生活和工作能力的重要基石。因此，对小学语文教育及其模式进行深入的研究，具有重要的理论和实践价值。

本书是一部关于发展视域下的语文教育及模式研究的专著。首先，简要讲述语文教育的价值取向、语文课堂教学的目标、语文教育艺术的风格和语文教育的主要流派，并深入剖析语文教育的文化体系，揭示语文教育背后的深层次的文化内涵和社会价值；其次，从高质量发展的视角，对语文课堂进行深入探讨，提出在语文课堂中如何更好地培养学生的语言能力和思维品质；再次，在专业发展视域下，研究语文高效课堂的教育模式，分析在融合发展中如何更好地实现语文教育的多元价值和全面发展；最后，探讨与语文教育相适应的教育模式，旨在为更好地培养具有综合素养和创新能力的学生提供理论支持和实践指导。

本书突出了基于发展的研究视角，强调了小学语文教育的时代性和创新性，注重理论与实践相结合，既深入分析了小学语文教育的理论基础，又结合具体的教学实践案例，理论与实践结合，为读者提供丰富的学习材料和实践指导，为教育决策者、教育从业者以及学术界提供可行的理论框架和实践路径，从而助力语文教育的进步与创新。

通过本书的深入研究和分析，笔者希望能够引导教育工作者关注小学语文教育的现实问题，积极探索创新教育模式，提高教学效果。同时，本书也为政策制定者提供了有益的参考，有助于推动小学语文教育政策的制定与实施。本书不仅是对小学语文教育现状的深入剖析，更是对未来发展趋势的展望与探索，期待能够引起广大教育工作者的关注和思考，共同推动小学语文教育的繁荣与进步。

目 录

第一章　语文教育概论

语文教育是培养学生语言能力、文学素养和人文情怀的重要环节，其在塑造学生的思维方式、情感表达和文化认同等方面具有不可替代的作用。语文作为一门学科，不仅是传授文字知识的载体，更是连接人与人之间情感、思想的桥梁，承载着民族文化的精髓与传承。鉴于此，本章主要研究语文教育的价值取向、语文课堂教学的目标、语文教育艺术的风格、语文教育的主要流派。

第一节　语文教育的价值取向

工具性和人为性的统一，是小学语文学科最重要的外显特征：①工具性指的是，学生可以通过学习小学语文，获得相应的知识与能力；②人文性指的是，学生能够在学习中获得正确的价值取向，帮助学生实现有效的学习，助力学生语文素养的形成。在全新的教育格局之下，培养学生正确的价值观是小学语文的重要教学任务。

站在宏观的视域下，对价值取向这一内容进行分析后可以了解到，价值取向主要存在于价值活动中，对价值取向进行深入探讨，可以认识到价值取向是教育活动中不可或缺的核心价值元素。教学价值取向的影响因素较多，具体包括：①教学行政主管部门的指挥；②教学目标的制定与实施；③教师自身的教学文化。教学文化会使得教师形成固定的教学思维和教学行为，而这两者恰恰是教学价值的显性表现。

教育的价值可以分为两种，即理想价值和功利价值，二者之间具有互相贯通的关系。但是将其放入现实生活中进行分析，在创新型的教育环境当中，知识已经不再是衡量教师价值取向的唯一标准，教师的价值观念则成为分析教师价值取向的重点内容。教学价值取向就是指特定时代对教学价值的观念认识及现实选择。小学语文教师的教学价值取向是指，在履行教育价值使命的过程中，为达成预设教育目标，教师所实施的一系列教育教学行为。站在教师知识的视域下进行分析后可以得知，教师的教学价值取向代表的是一种隐性知识，可以从每一个教学环节中发现教师的教学价值取向。

一、语文教育价值取向的意义

价值取向教育存在于小学语文课堂教学的各个层面、各个纬度，一方面价值取向教育具有引领正确教育方向的作用，另一方面价值取向教育可以为实现高质量的课程教学提供助力。小学语文教育内涵丰富，其中所蕴含的人文精神对学生思维价值观的塑造具有深远影响。鉴于小学生正处于思维启蒙阶段，外部环境的多样性对他们产生显著影响。小学语文教育价值取向的重要性体现在以下几方面：

第一，提升学生的综合素质。为了实现这一目标，教师要积极探索并总结不同课程的特点，以期最大限度地发挥课程的独特优势，从而优化教育内容和方式。通过这种方式，可以真正促进学生的多元发展，使其在各个方面都得到全面的提升和培养。

第二，在小学语文教育中，多样性是教学的重要特点之一。小学语文教学强调人文气息，这种浓厚的人文氛围会对学生产生深远的影响。然而，由于学生的思维方式是多元的，不同的学生对语文内容的理解也会有所差异。因此，加强教学的价值取向尤为重要，这有助于引导学生的思维朝向正确的方向，促使他们在语文学习中形成统一的认识和态度，从而提高语文教育的效果。

第三，教学信息的多元化是随着科技发展而日益受到重视的方面。在全新的科技发展格局下，小学语文教学手段也实现了显著的创新。学生在这样的时代和教育背景下，能够接触到更多元化的教学信息，这为他们提供了更广阔的学习空间和更丰富的学习资源。通过利用各种新技术和多媒体手段，教师们能够更好地激发学生的学习兴趣，提高他们的学习效果，从而更好地促进小学语文教育的发展和进步。

总而言之，小学语文教师需要实时保证自己教学理念与时代发展形态的一致性，在教育中强化学生的价值取向，为学生正确价值观的形成提供助力。在崭新的教育环境中，学生可通过诸多途径广泛接触语文知识。小学语文教师应积极地将价值观教育融入日常生活教学中，助力学生树立正确的世界观。

二、语文教育价值取向的确立

（一）立足学生发展

在小学的教育阶段中，语文教师所做的工作还是以引导为主，结合学生发展的特点对学生实施正确的引导，一方面可培养学生正确的价值观，另一方面可以帮助学生树立起科学的人生观。因为小学是学习语文的启蒙时期，因此，在小学阶段，语文教师应致力于传授语文基础知识，同时关注学生思想认知的培育，通过恰当的教学方法提升学生的读写技能。

在小学阶段，教师对学生的教育还是以引导为主，所以，可结合学生的实际情况来制订学习计划，调动学生学习的积极性。当学生学习《坐井观天》这篇课文时，教师在实施教育计划前，要考虑到处于这个年龄阶段学生的思想特征。因学生的年龄较小，所以对课文的认知也会只停留于表面，当老师正确引导学生后，学生才会对人生观和价值观有着清晰的认识，最终完成教学的真正目的。在实施小学语文教育过程中，教师应巧妙地运用课本中富有感染力的故事，以引导学生树立正确的价值观。在课文教学中，丰富的课堂知识会激发学生的学习热情，帮助学生进一步拓宽知识面，使其对社会主义核心价值观念有清晰的认识，从根本上保障学生的健康成长。

对于小学语文教育而言，其目的是培养学生在语文方面的综合素养。想要发挥出教学的最大价值，必须明确学生发展等方面的特点，在每一次备课的过程中，小学语文教师务必明确教学目标，并根据目标分阶段开展教学活动。同时，紧密结合学生实际状况，引领他们树立正确价值观，以确保全面促进学生发展。

小学语文教师在教学时，一方面要带领学生去学习文章中所涉及知识内容；另一方面要引导学生建立起正确的人生观、价值观等。当把一本书读上百遍时，书中的意思也就自然领会到了，所以学生反复诵读课文后，基本的认识也会随之形成，在这种情况下，教师就可以利用书本上没有的方式来对学生发问，培养学生建立价值观的意识。除此之外，在实施教学过程中，教师需紧密关注学生在课堂上的学习状况，积极调整教学策略，切实发挥教学引导作用，助力学生攻克学术难题，进而提升学生在语文领域的学习成效，促进其全面成长。

（二）结合课文内容

对于小学语文教学而言，课本不单只是执行的蓝本，还是引导学生价值取向的重要标准。在进行小学语文教学时，教师应明确教学目标，紧扣教学核心内容，筛选恰当的素材。在学习过程中，学生可依据教材中所阐述的价值观，树立正确的世界观，从而实现课堂教学的本质目标。相对于其他阶段的课本而言，小学语文课本的内容更为简单，只要学生深刻地进行体会，就会发掘其蕴含的深意和道理。语文课本中的任意一篇课文都会集合大量的字、词、句等，且每篇课文所表达的中心思想和内容都不尽相同，虽然对于教育而言，其基本的价值取向是要求学生掌握课文基础性的知识，可教学价值取向的全部内容不仅限于此。

纵观语文课文，其所表达的价值取向并不是千篇一律的，开展语文课程的重点主要分为两部分：①要提高学生的思想道德素质；②增加学生的科学文化素养。只有提高学生这两方面的综合素质，才可以更好地建立起学生的民族意识，提高民族创造力和凝聚力。在进行小学语文教学过程中，小学语文教师应严格遵守新课程标准，深入剖析课文，以此充分发挥教学内容的最大潜能，必须首先深入探查课文的实际内容，确定教学文本所反映出的价值取向；其次，针对学生的年龄特点，制定合理的教学方法和节奏；最后，通过教学让学生真正理解课文中所蕴含的深意。

（三）结合时代特征

时代正在不断地发展，小学语文的课堂教学也要与时俱进，教师要筛选出符合实际教学的价值取向并以此开展教学。现实生活中处处都离不开语文，所以在教学的内容中融合现实的生活。对于学生而言，能帮助其更好地成长和发展。学生在成长发展的过程中，健全的人格起了非常重要的作用，课堂教学正是培养学生人格的有利场所，因此，小学语文教师应以课堂教学为核心，根据学生不同阶段的发展特点，运用语文教学内容中所蕴含的价值观念，助力学生塑造健全的人格，确保他们全面成长。

如今，社会对诚信的意识也在不断地加强，小学语文教师一方面可结合社会发展的趋势，通过分析人文内涵等方式开展教学，最大限度地发挥出教育的价值；另一方面可以利用自身引导的职能和针对性的教学等方式帮助学生建立起正确的价值观念。

小学语文老师在开展教学时，其工作不只局限传授学生语文方面的知识，还包括帮助学生建立正确的价值观等，所以为了能够保证学生的全面发展，实现教书育人的真正目的，必须结合学生实际的情况等，因地制宜地开展针对性的教学，提高教育的整体水平。对于小学语文教师而言，课堂教学的质量直接关系着教学的效率，所以在教学时需合理地利用自身的引导职能带领学生建立起正确的价值取向。提高学生的综合素质，保障学生的全面发展，离不开小学语文价值取向培养，而小学语文价值的培养又与语文教学的开展息息相关。

总而言之，时代的发展正带动着人类价值观不断地发生着变化，不断深入的教育改革也改变着小学语文教师对学生的评判标准。时代的需求也使得小学语文教育必须及时地做出调整，以课文所展示的内容为核心，发挥教学的最大价值，深入探查时代发展规律，筛选出与课本相关的优秀教育资源，保障学生的全面发展。在小学语文教育领域，价值取向与实施教育之间存在密切关联。就价值取向而言，关键在于在教学过程中要树立正确的价值观念，这才是当前教育的核心要务。

第二节 语文课堂教学的目标

在制定小学语文课堂教学的目标时，主要依据两方面的内容：①国家的教育方针；②学生身心发展的规律。想要学生完成培养的目标，一方面要完成规定的语文教育任务，另一方面要完全掌握语文学科的内容。换言之，是依据具体标准，利用语文学科的相关规定来培养人才。制定小学语文课堂教学目标时采纳的是一线小学语文教师的具体意见，教师不仅利用了语文课程的教材、教参等，而且结合了学生和教学的实际情况，这一操作也使得语文课堂教学目标的实施性更科学合理。"要想充分展现课堂教学优势，完成预期教育目标，为社会培育全面发展的优质人才，必须加大教育革新工作的力度，在构建高质量课堂的同时，提升课堂教学效率"[1]。

---

① 侯爱华.小学语文高质量课堂创建的思考研究[J].小学生作文辅导（上旬），2020（6）：65.

一、语文课堂教学目标设计的依据

（一）语文课堂教学的课程标准

小学语文课程标准是教育部门对于小学语文教学内容、目标和要求的规定和指导，它不仅仅是一份简单的文件，更是一项重要的指导性文件，旨在为教师提供具体指导，促进学生全面发展，形成良好的语文学习习惯和能力。该标准包含了丰富多彩的内容，主要围绕教学目标、教学内容、教学方法和评价方式展开。

第一，教学目标是小学语文教学的核心，通常包括培养学生的听、说、读、写能力，提高语文素养，培养学生的语感和表达能力，激发学生对语文学习的兴趣等，这些目标的确立旨在引导教学实践，促进学生综合能力的全面提升。

第二，教学内容涵盖了识字、词语、句子、篇章等多个层面。课程标准中明确规定了每个学段学生应该掌握的识字量、词语量，以及不同阶段的阅读、写作能力要求等，这些内容的安排旨在确保学生的语文学习具有系统性和连续性，使其能够逐步提高语言运用能力。

第三，教学方法是实现教学目标的重要手段。课程标准提供了多种教学方法的建议，如启发式教学、任务型教学、情境教学等，这些方法旨在激发学生的学习兴趣，促进其主动参与和合作学习，培养其自主学习的能力。

第四，评价方式是对学生学习情况进行全面客观评估的重要途径。课程标准中通常包括了对学生学习情况的评价方式，如考试、作业、口语表达等，这些评价方式应当与教学目标相一致，能够客观地反映学生的语文学习水平，为教学改进提供依据。

总而言之，小学语文课程标准作为教学的指导性文件，对于教师的教学实践和学生的学习发展都具有重要意义。只有充分理解和贯彻执行课程标准，才能够更好地推动语文教育的深入发展，培养出更加优秀的语文学习者。

（二）语文课堂教学的教材

小学语文教材作为实施课程标准的重要媒介，在学生语文学习过程中扮演着主要角色，其选择和设计直接决定了教学的效果和质量，主要包括以下几方面：

第一，在编撰原则方面，教材的制作应当严格遵循课程标准的要求，同时紧密贴合学生的日常生活，注重培养学生的语言运用能力和综合素养。此外，教材还应具备系统性和渐进性，能够循序渐进地引导学生进步和提高。

第二，在内容设置方面，教材应当呈现全面丰富的内容，既应包括经典文学作品，也应包括当代文学作品，覆盖各种体裁和文体，以满足学生多样化的需求。此外，教材内容还应具备时代性和前瞻性，引导学生积极关注社会热点和时事动态。

第三，在教学活动设计方面，教材中的活动应当设计多样灵活，既有课堂内外的教学活动，能够满足不同学生的学习需求，也应注重学生的参与性和体验性，激发学生的学习兴趣和主动性。

第四，在教学资源方面，教材的编撰需要充分利用现代化的教学技术和资源，例如多媒体教学和网络资源等，为教学提供更加丰富的内容和形式，以增强教学效果。

（三）语文课堂教学的学情

学情是指学生的学习状况和特点，包括学生的年龄、认知水平、兴趣爱好、学习风格等方面。了解学情，是进行有效教学的前提和基础。在教学实践中，教师需要充分认识到学生之间存在着差异化的学习需求和能力水平，这种个体差异需要教师采取针对性教学措施，根据学生的个体特点进行灵活多样的教学。因此，教师应当积极地探索各种教学方法和手段，以帮助每个学生实现个性化的发展。

除了个体差异，情感因素也对语文学习产生着重要的影响。教师需要密切关注学生的情感态度，建立良好的师生关系，从而激发学生学习的积极性和主动性。只有在轻松愉快的学习氛围中，学生才能更好地投入学习，并取得更好的学习效果。

学生的学习动机直接关系学习的效果和质量。因此，教师需要通过多种方式激发学生的学习兴趣，增强学生的学习动力，使他们能够更加主动地参与到语文学习中来。这可能涉及设计富有吸引力的课堂活动，提供有趣的学习资源，或者与学生进行个别沟通，了解他们的学习动机并给予相应的支持。此外，了解学生的学习策略和习惯至关重要。教师可以通过与学生交流和观察学生的学习行为来了解他们的学习方式，并根据需要给予指导和建议，帮助他们建立科学有效的学习方法，从而提高学习效率和成效。

在实际教学中，教师需要综合考虑课程标准、教材和学情等因素，灵活运用各种教学手段和方法。教学应当因材施教、因时施策，不断完善教学实践，提高教学质量，促进学生全面发展，这需要教师具备丰富的教学经验和敏锐的观察力，以及对学生的深入理解和关怀。

二、语文课堂教学目标设计的策略

（一）基于课程标准设计教学目标

课程标准对教学目标的设计而言，具有根本的指导作用，教师需要在认真地洞悉教育标准、教材内容与学生动态化想法的基础上，根据实际的教育形态和教育指导，进行教学目标的制定与实施。课程标准与教学目标之间存在一定的间隙，小学语文教师应充分发挥其专业素养，对课程标准进行深入解读与精细化，明确课堂教学目标，并在教学实践结束后，对课堂教学目标实施合理评估。

1.基于课程标准的教学目标设计意义

教师需要在深度解读课程标准的前提下，进行教学目标的设计。课程标准具有引领教育方向的作用，小学语文教师可以通过分析课程标准，确定大体的教育目标，让教师了解到教的原因和教的流程。但课程标准只是大方向的内容，教师需要从课程标准的要求出发，做好细致的教学目标的设计、明确与优化。课程标准能够在很大程度上助力教师的专业水平的提升。另外，课程标准当中以学生为主体，指明了学生需要学习的内容，明确了学生需要对内容的掌握程度。根据课程标准的基本理念，对教学目标进行设计，以确保其与我国教育要求的契合度。课程标准一方面可以促进学生的高效学习，另一方面可以助力教师专业能力的提升，这与我国所提出的推动教育不断前进的理念相符合。从这一角度而言，课程标准制定与我国的教育改革的理念相匹配，能够推动课程的良好实施。

2.教学目标设计的指导思想

教师应事先确立教学目标的指导思想，方能制定出最优的课堂教学目标。教学目标的设计始于实践，亦终于实践。对于小学语文教师而言，其在制定教学目标时必须依照相关的原则进行设计，其设计的原则包括以下几方面：

（1）要对教学目标设计有着明确的认识，及时探查其所拥有的复杂性矛盾性等。只有清晰地认识到教学目标设计的特性，才可避免简单分化等负面思想的影响，在设计时，首先要将学生放在教学目标设计的首要位置，尤其是学生所拥有的复杂性更是不容忽视；其次，明确实际实施过程中所存在的不确定因素，同时提高自身的预见性，及时调整设计方案，保障教学目标的顺利实施；最后，除了学生之外，教师也要将自己定义为教学目标的实施主体。

（2）小学语文教师在设计教学目标时，必须遵循学生的健康发展为原则，其主要原因包括以下几方面：①只有教师关注了学生的心理健康等方面的发展，才不会只局限于学生所展示的学习成果。对于学生而言，想要激发其学习的热情和持久性，就必须从学习的过程入手，让其感受到学习的快乐。②教师应将关注焦点置于学生的可持续发展之上。现代教育与应试教育有显著区别，其核心目标在于培育学生自主学习的能力，通过学习过程充实学生的情感体验，并全面提升学生的综合素质。

（3）对于小学语文教师而言，人力资本是其不可或缺的思想。从人力资本层面的角度进行分析，教师在从事教育事业时，一方面要明确自身的社会责任意识，另一方面要培养其自身的使命感。每个学生都会拥有无限的潜力，且都会成长成为对社会有用的个体，所以对于教师而言，重视学生全面发展的能力显得尤为重要。

3.教学目标设计的环境

随着近年来国家的快速发展，教育的变革是当前社会中引人深思的重点问题，所以对于教师而言，这个社会对其提出了新的要求，一方面要求教师要拥有全局的意识，另一方面要求教师明确国家改革时所需人才的类型。在制定教学目标的过程中，主要参考的对象是某一特定时期的课堂，因此，课堂环境对于教学工作的顺利进行具有决定性作用。当教师在设计课堂教学目标时，必须深入探查各个班级所展现出的不同课堂环境，课堂环境主要包括：①物质环境；②制度环境；③课堂的精神环境，这是所有环境中最重要的一项，其特指学生在课堂上所展现的学习氛围，这一环境也被称为"学风"。对于不同的班级而言，其所展示的"学风"都有所不同。通常表面是无法看出学风的存在，它具备一定的内隐性。

4.课程标准与教学目标之间的关系

在小学语文的教学中，课程标准和教学目标这二者之间必定会存在一定的间隙带，就课程标准而言，其主要涵盖的是学段目标和内容，但学段目标和课堂的教学目标之间还存在一定的间隔距离，如学年目标、学期目标，等等。对于学段目标而言，其拥有较强的包容性，所以其范围也显得极为宽泛。但在设计课堂教学目标时，却不能执行此标准，其内容必须涵盖行为主体、行为动词等多方面的内容。在制定课堂教学目标时，教师应避免简单地照搬学段目标，而是将学段目标具体化，使之贯穿于每一节课的教学过程中。同时，对课程标准与课堂教学目标之间的差异要有明确的认识，并针对这些差异进行深入细致的分析。

明确课程标准和课堂教学目标二者之间所存在的距离后，接下来的任务是尽自己的能力缩小二者的差距。对于教育而言，二者之间存在的间隙带是不可通过物理角度衡量的距离，直接体现了教师之间的心理间距，教师所具备的知识技能、教学经验等因素对此距离产生显著影响。在认识到这一距离的存在后，教师应尽力缩小彼此之间的心理距离。

5.课堂教学目标的表述

（1）以时间为序，细化目标层级结构。就层级结构进行分析，划分课程标准是综合了四个学段的目标和五个领域的不同特征来执行的。在四个学段中，第一学段包含了一、二年级；第二学段包含了三、四年级；第三学段包含了五、六年级；第四学段包含了七、八、九年级。四个领域中，一是识字和写字；二是阅读；三是写作；四是口语交际。表面上四个领域是相对独立的，教师在设计教学目标时也可依据五个领域进行，可实际上这五个领域之间相互影响，相互配合。以阅读教学为例，其中不仅包含了识字写字等领域的教学，而且涵盖了语言表达等领域的内容。学段目标虽能辅助教学目标的制定，但不能作为根本依据。然而，教学目标是由学段、学年等不同目标按照特定顺序依次排列而成的，因此教师可根据各目标执行的时间顺序，循序渐进地制定出课堂教学目标。因学生所拥有的认知能力也是遵循时间发展的特性逐渐提高，所以这种制定方法的逻辑性极为可靠。

（2）根据学习结果类型选择恰当的行为动词。在以课堂教学目标为核心的基础上，对其所体现的价值取向进行深入剖析，发现价值取向拥有以下几方面特性的目标：①拥有行为性的目标，该目标表述时涵盖了行为主体、行为动词等方面的内容；②拥有认知性的目标，这类目标在表述时，使用了内隐与外显两种行为相结合的方式，先将教育的目标通过相关的术语陈述出来，再结合一些可观察的行为将目标具体化；③拥有情感体验性的目标等，这种目标在阐述时，多以表达性目标为基础，着重关注学习及其展现的个性化成果。它侧重于学生的内在体验，因此并未对学生参与教学过程后的具体行为进行规定。

对于教学目标而言，其表述时所使用的行为动词也有明显的差异。例如，行为目标会使用认读、背诵等动词来进行表述；又如，认知目标会使用归纳、计划等动词来进行表述；再如，表意性目标会使用了解、讨论等行为动词来进行表述。根据目标选择表述方式这一操作具备较强的精确性，因此教师能够挑选适当的动词来阐述教学的具体目标。

（二）增强语文教师的主体性意识

对于小学语文教师而言，影响其设计课堂教学目标主要包括三方面的因素：①教师的情绪；②教师的专业水平；③教师所拥有的设计能力。基于此，教师在设计教学目标时，必须先建立起主体的意识，然后再建立起设计教学目标的责任意识，最后明确学生在场的相关意识。只有在三个方面综合考虑的基础上，才能科学合理地制定课堂教学目标。

1.主人翁意识

小学语文教师在教学时要培养自己的"主人翁意识"，并以此深刻反思自己的教育教学行为。教师是课堂教学的直接实施者，其专业水准直接关系到教学质量的好坏，所以教师也不能放弃自身学习，必须通过努力提升自身的专业素养。对于教师而言，随时巩固自身的学科知识显得相当重要，可以从以下几方面改进：

（1）从备课方面入手，教师在备课时，需要兼顾教学的全部内容，包括课标、教材等。作为一个独立的个体，每个教师都有各自的特点，如专业知识、思维能力等，所以在开展工作时，教师要取长补短，完善自身的专业素养。

（2）教师要合理地利用继续教育的机会丰富自身的知识储备。每年的寒暑假都是中小学教师开展继续教育培训的良好时机。继续教育指的是针对专业技术人员所开展的追加教育，其目的是更新人员的知识，提升其专业能力等。继续教育的实施不仅有助于充分发掘人才潜力，也有助于提升整个教师队伍的品质。同时，学校也会定时开展人才培养计划等，当适逢机会时，教师一定要抓住有利的学习机会，及时补充积累自身的学科知识。

（3）制定好教学目标后，教师要及时对目标进行自我评价，反思教学中的不足，只有经常对自己的行为进行反省，才能找出自身不足并加以改正，进而有效提升自身的能力。在教师完成教学目标设计后，通过教学实践过程中对预定目标的反思，及时发现并针对其中的不足之处制定相应的优化措施与方法。只有对自己有着客观评价，才可以及时发现自身的不足，同时利用自身的优势减少差距，提升自己的专业技能水平。

2.教学责任意识

在现实中，设计课堂教学目标是一个相当艰难的过程，它不仅需要教师有着过硬的专业技能，而且需要教师有着良好的态度等。对于教师而言，学习态度和责任意识是其教学过程中的基础与重心。在设计教学目标之前，教师就要树立起主体意识，这种主体意识是教师对自己的理性认识，它既可以避免教师出现消极的反应，还可以利用最积极的自我意识推动自身发展。当教师作为设计教学目标的主体时，首先要明确自身拥有的支配作用；其次教师要提高教学活动的参与度，并以此在关注对象身上集中自己所有的注意力。除此之外，教师必须确立起责任感。在具备卓越的责任感之后，教师将深刻认识到自身所承担的使命，在日常工作中严谨自律，为学生们的学业与人生树立典范。

3.学生在场意识

学生的存在感对于教学目标的设计至关重要，这是因为学生的参与度和认知状态直接影响着目标的实施效果。因此，在制定教学目标时，教师需要深入了解学生的实际情况，包括他们的认知水平、兴趣爱好、学习风格等方面的特点。通过这种了解，教师可以根据学生的需求和特点，调整教学目标，使其更具针对性和可操作性。

在设计教学目标时，教师应该着重考虑如何提升学生的参与度，这可以通过各种方式实现，如增加学生与教师之间的互动次数，鼓励学生在课堂上提问、回答问题，以及参与小组讨论等。通过这些互动，学生可以更加积极地参与到学习过程中，提高他们的学习动机和学习效果。此外，教师还需要兼顾教学目标的包容性，这意味着教学目标应该具有灵活性和适应性，以满足不同层次学生的学习需求。在一个班级中，学生的学习水平和背景知识可能会有很大的差异，因此教师需要根据实际情况调整教学目标，确保所有学生都能够在教学过程中得到充分的支持和关注。

（三）优化教学目标设计的环境条件

1.改善教学目标设计的制度保障

"制度"直接约束着人们的行为，它是一种规则，通常会使用奖励和惩罚来联系人与其他物质，如人和人之间、人和物之间、自然和社会之间等。当二者联系起来之后，再制定特定的次序，来保证社会生产和生活的顺利进行。教学是一项极具挑战性的活动，为确保其有效性，学校务必构建一套科学合理的规章制度。以教研工作为例，需要先明确教研人员的职责与义务，进而依据划分的内容进行合理分工，最后有序开展教研活动。参与目标设计人员相关的协助制度直接影响了设计课堂教学目标的执行，这样的制度通常会涉及两种类型：①组织制度；②评价教学目标设计水平的制度。

一个组织想要有序地运转，必须依赖于制度，想要顺利开展教研活动，就必须建立一个制度化的体系，只有明确了参与人员的职责和义务，教研活动才不会出现形式化的现象，各个人员之间的交流才会更有秩序，交流才会更加顺畅。想要通过教研活动提高教师的参与度，可从以下几方面入手：①定期开展主题相同的教研会，有目的地将教师聚集在一起，通过集体讨论增强教师的主观能动性，以此做到资源共享。所谓高效的教研活动，是教师们都参与进来各抒己见，最后达到落实自身的责任和义务的目的。②增进各方互动，如教师之间的沟通、教师与学生之间的互动等，通过交流，人们得以传播各自的见解，同时伴随着交流的展开，各种创新见解亦得以涌现。对于组织而言，想要顺利开展各项活动，除了制度以外，其首要条件是良好的人际交流。制度是保障教师开展教学组织活动的关键，一方面有助于提高教师工作的效率，另一方面推动了教师专业水平的提高。

就教学目标设计而言，正是依照其特点所设立的评价制度才能保障设计工作的顺利开展。作为管理教育的主管部门学校更要承担起把控评价机制的重任。针对评价的主体与内容，务必提供详尽阐述，并制定相应规章制度。

对于评价制度而言，其设置必须严格围绕课程标准为核心展开评价工作，同时结合分析出的结果，制定相关的整改措施。在评价小学语文课堂的教学目标时，可以从以下几方面实施监督：①由上级的教育主管部门参考学校特点，制定出具体的评价制度；②以学校为主体展开评比活动，活动所针对的对象是各位教师和其所设计的课堂教学目标，通过评比活动增强教师教学的积极性；③以教师为主体展开互评活动，通过活动教师们可以取长补短，提高教学水平；④让学生参与到教学工作评比活动中，通过学生的学习进度评价老师的教学，推动教师的自我提升。

2.落实教学目标设计的教学资源建设

在编写教学目标时，教育资源也起了相当重要的作用。当前社会拥有相当多可供课堂教学目标设计的资源，但只有依靠教师，学校等多方的配合才可将这些资源有效地利用起来。

（1）从教师的角度出发，教师身处教育的一线位置，必须有挖掘教学资源的能力，学生是教师教学资源中的重要组成部分，且其可以分为两种类型：①基础性的资源，它包括学生所具备的各项知识、技能等；②生成性的资源，它指的是学生在接受教育的过程中，和教师开展互动时所产生的资源。虽然这些资源带有一定内隐性，却是独属于教师的有效资源。教师自身具备丰富的资源，如知识、经验等，这些均为教师开展教育的基本要素。若将这些资源加以有效运用，将有助于塑造教师独特的教学魅力。教师应客观审视，并合理开发自身所具备的教学资源。

（2）从学校的角度出发，在教师编写课堂教学目标的设计时，学校要有提高教师专业素养和推动学校发展的意识，并设身处地地为教师着想，为其提供可利用的教学资源，在学校里，图书馆、电脑房等都可以提供教学资源的重要场地，所以学校可从以下几方面入手，增加教师使用的教学资源：①学校可拨出部分资金，来购买与教学目标设计相关的书籍、期刊等，为教师收集整理资料提供便利；②提供教学网站的学习机会，带动教师参与网络学习；③学校可根据自身的特点，建立起符合自身的网络平台，供教师学习交流。同时，教师也可与其他教师资源共享。

（3）从教育主管部门的角度出发，为了提升教育质量和促进教学效果的提高，需要对课堂教学目标设计给予更多指导和支持，这种支持可以体现在多个方面：首先，主管部门可以考虑设置专项资金，用于支持课堂教学目标的研究和开发，这样的资金可以用于开展相关研究，促进教师们对教学目标设计的深入探讨和实践；其次，定期举办教师群体间的相关比赛活动也是一种有效的方式，这样的比赛可以促进教师们的交流与分享，激发其创新意识和教学热情，从而推动课堂教学目标设计的不断完善和提高。

3.加强教学目标设计的教研文化培育

教研文化是一种源自学科内涵、在实践中不断发展，并最终传承下来的意识形态。尽管它没有具体的实体形式，但其影响却无处不在，贯穿于教育教学工作的方方面面。教研文化对于一代又一代教师的成长具有深远的影响。在学校中，教研文化更是其生活的具体体现和方式。要想发展课堂教学目标的设计，必须加强对教研文化的培养。教研文化的核心在于促进知识的交流与分享，激发教师们的创新思维和探索精神，它强调教师之间的合作与协作，通过集体智慧的凝聚，不断提升教学质量，推动学校的发展。教研文化不仅仅是一种工作方式，更是一种价值观念的传承，它强调尊重个体差异，鼓励教师们充分发挥自身特长，为学生提供多样化的学习体验。

在实践中，培养和发展教研文化需要多方面的支持和努力。学校领导者应当为教研活动提供必要的资源和支持，激励教师参与到教研工作中来。同时，建立健全的评价机制，充分肯定教师们的教研成果，激发他们的积极性和创造力。此外，还需要加强教师的专业发展培训，提升他们的教学水平和研究能力。

第三节　语文教育艺术的风格

小学语文教育是培养学生语言表达能力、文学素养和审美情趣的重要阶段。"教学风格是教学艺术个性化的集中体现，是教学艺术的升华，是一个优秀教师的教学走向成熟、臻于完美的重要标志。"①在教学实践中，语文教育艺术风格的运用直接影响着教学效果和学生的学习体验。语文教育艺术的风格主要包括以下几方面：

一、语文教育艺术风格的意义

小学语文教育的艺术风格的意义不容忽视，它不仅是一种教学方法，还是一种教育理念的体现，对学生的发展有着深远的影响。小学语文教育艺术风格的意义主要包括以下几方面：

第一，艺术风格的小学语文教育有助于促进学生情感体验。通过情感表达、意境营造等方式，教师可以引导学生深入理解课文内容，使之产生共鸣和情感共鸣。例如，通过朗诵、表演等形式，学生可以更加生动地体会诗歌的韵律美和情感内涵，从而增强对语言的感受力和表达能力，这种情感体验不仅有助于学生对文学作品的理解，还可以培养其情感表达能力和情感智慧。

---

① 孙晓辉，付文生.守望小学语文教育[M].成都：电子科技大学出版社，2016：39.

第二，艺术风格的教育有助于培养学生的审美情趣。通过接触和欣赏各种文学作品，学生可以逐渐形成自己独特的审美观念和审美情趣。例如，通过朗读优秀诗歌、赏析名家散文，学生可以领略到语言之美、意境之美，从而提高他们的文学素养和艺术修养，这种审美情趣不仅有助于学生的人文素养和情感修养，还可以为其未来的生活和职业发展增添一份文化底蕴。

第三，艺术形式的运用可以提升教学效果。相比于单调枯燥的讲解，艺术形式的教学更具生动性和趣味性，能够吸引学生的注意力，激发他们的学习兴趣。例如，通过绘画、手工制作等活动，学生可以将课文内容转化为自己的创作，从而更深入地理解和消化知识，这种亲身参与的学习方式不仅能够提高学生的学习积极性，还可以激发其自主学习的能力。

第四，艺术风格的教育能够促进学生的综合发展。在艺术形式的教学中，学生不仅可以培养语言能力，还可以锻炼观察力、想象力、创造力等多方面的能力。例如，在诗歌朗诵活动中，学生不仅需要理解诗歌的意义，还需要通过语音、语调等方式来表达诗歌的情感和意境，从而全面提升自己的语言表达能力，有助于学生的个人成长。

总而言之，小学语文教育的艺术风格具有重要的教育意义，它不仅能够促进学生情感体验、培养学生的审美情趣，还可以提升教学效果，促进其综合发展。因此，教师应该在日常教学中注重艺术形式的运用，不断丰富教学手段，激发学生的学习兴趣，提高教育教学质量，从而为学生的全面发展提供更好的保障。

二、语文教育艺术风格的特征

第一，多样性特征。小学语文教育的艺术风格呈现出多样性，不仅体现在教学内容的丰富性上，还包括了教学方法的多样性、教学资源的多样性等方面。通过运用多样的艺术表现形式，教师能够激发学生的学习兴趣，促进他们全面发展。在小学语文课堂中，教师可以通过讲故事、诗歌朗诵、戏剧表演等形式来呈现教学内容，从而丰富了学生的学习体验，提升了他们的学习效果。

第二，个性化特征。小学语文教育的艺术风格注重个性化的培养，在教学过程中，教师应根据学生的兴趣、特长和个性差异，采用不同的艺术手段进行教学。例如，对于喜欢音乐的学生，教师可以通过音乐欣赏的方式来教授诗歌，让学生在音乐的陶醉中感受诗歌的美妙；对于喜欢绘画的学生，教师可以设计一些绘画作业，让学生通过绘画来表达自己对课文的理解和感悟。通过个性化的教学，每个学生都能够找到适合自己的学习方式，从而更好地发挥自己的潜能，实现个性化发展。

第三，渗透性特征。艺术元素在小学语文教育中的渗透性很强，无论是课文的选取、教学方式的设计，还是学生作品的展示，都可以看到艺术的痕迹。例如，在课堂教学中，教师可以选取优秀的文学作品作为教材，通过分析作品中的艺术特点和语言技巧，引导学生深入理解课文内容，提升语文素养。同时，教师还可以设计一些富有创意的教学活动，如语文游戏、歌曲演唱等，通过艺术的方式来激发学生的学习兴趣，提高他们的学习积极性。

第四，互动性特征。艺术风格的小学语文教育注重师生之间的互动。教师通过艺术形式的引导，激发学生的思维，引导他们积极参与到课堂活动中来，形成良好的师生互动氛围，促进教学效果的提升。例如，在课堂教学过程中，教师可策划一系列富有寓教于乐元素的教学活动，如角色模拟、分组研讨等，让学生在参与中学习，在交流中提高。通过师生之间的积极互动，不仅能够增进师生之间的情感联系，还能够促进知识的传递与共享，提升教学效果。

总而言之，小学语文教育的艺术风格具有多样性、个性化、渗透性和互动性等显著特征。在教学实践中，教师应充分发挥这些特点，灵活运用各种艺术手段，创造丰富多彩的教学环境，激发学生的学习兴趣，提高他们的学习效果。

三、语文教育艺术风格的运用

在小学语文教育中，艺术风格的运用是提高教学质量、促进学生全面发展的重要途径。教师在实践中应当注重以下几方面：

（一）多样化的选材

在小学语文教学中，教师的角色至关重要，他们应当注重多样性和艺术性，以精心挑选的文学作品激发学生的学习兴趣，这意味着他们需要选择那些内容生动、情感丰富的文学作品。这些作品应涵盖各种不同的题材和风格，以此来拓宽学生的文化视野。通过引入多元的文学作品，教师可以为学生创造一个更加开放和多元的学习环境，从而激发他们的阅读兴趣，促进他们的思维发展，这样的教学方法不仅有助于学生从不同的角度去理解和感知文学作品，也培养了他们的审美情趣和文学素养。

教师在选择文学作品时，应该考虑到学生的年龄特点和认知水平，因为这有助于确保作品的适宜性和有效性。文学作品应该具有生动的情节和丰富的情感元素，这样才能吸引学生的注意力并激发他们的情感共鸣。同时，作品的题材和风格也应该多样化，以满足不同学生的兴趣和需求，从而激发出更多的学习动力。

教师还可以通过巧妙的教学设计和引导，帮助学生深入理解文学作品中蕴含的思想和情感，引导他们去思考作品背后的深层意义，这种教学方法不仅可以培养学生的批判性思维和创造性思维能力，还可以提升他们的表达能力和语言表达能力。此外，教师还可以结合课堂实践和课外活动，拓展学生对文学作品的理解和欣赏。例如，组织学生参观文学展览、举办朗诵比赛或戏剧表演等活动，都可以让学生更加全面地体验和感受文学的魅力，从而加深他们对文学的兴趣和理解。

总而言之，在小学语文教学中，教师应该注重多样性和艺术性，通过引入丰富多彩的文学作品，为学生营造一个开放、多元的学习环境，激发他们的学习兴趣，促进他们的思维发展，培养他们的审美情趣和文学素养。

（二）灵活的教学方式

在教学过程中，教师应当采用多种教学方式，包括但不限于讲解、朗读、演讲、演示等手段，以更好地促进学生的全面发展，这种多样化的教学方式有助于激发学生的情感表达能力，提升他们的思维深度和广度。通过生动的讲解和情感丰富的朗读，教师可以引导学生深入思考文学作品所蕴含的情感和意义，从而激发他们对文学的兴趣和理解。除此之外，演讲和演示等教学活动也能够培养学生的表达能力和自信心，有助于促进他们在文学领域的成长和发展。

第一，讲解。通过讲解，教师可以系统地介绍知识点，帮助学生建立起对知识的基本理解。而通过生动有趣的讲解方式，教师能够吸引学生的注意力，让他们更加专注于学习内容，从而加深对知识的理解和记忆。

第二，朗读。通过朗读文学作品，教师可以将文字活灵活现地呈现在学生面前，使学生能够直观感受到文字所传达的情感和意境。同时，学生也可以通过模仿教师的朗读，提升自己的语感和表达能力，更好地理解和欣赏文学作品。

第三，演讲和演示。通过参与演讲和演示，学生不仅可以展示自己的理解和见解，还可以锻炼自己的口头表达能力和逻辑思维能力。在这样的教学活动中，学生既需要充分准备和组织自己的思路，也需要勇于面对观众，这有助于培养学生的自信心和应变能力。

总而言之，教师在教学过程中应当灵活运用多种教学方式，以满足不同学生的学习需求。通过多样化的教学方式，可以更好地激发学生的学习兴趣，提高他们的学习效果，促进他们的全面发展。

（三）艺术环境的创设

教师可以通过各种方式来营造艺术氛围，如精心布置教室环境、展示学生的艺术作品等，从而激发学生的学习热情和创造力。在教室中展示文学作品的插图和名言警句，能够打造出一个充满文学气息的学习场所，使学生沉浸其中，体验文学的魅力和艺术的美妙，这种环境不仅可以加深学生对文学的理解和欣赏，还有助于培养他们的文学创作能力，培养他们的审美品位和创造性思维。

通过精心布置教室环境，教师可以创造出一个充满活力和灵感的学习空间。例如，使用文学作品的插图装饰墙壁，摆放书架上装饰有各类文学经典的摆件，这些都能够让学生感受到文学的存在和影响。同时，展示学生的艺术作品也是重要的环节，它不仅可以展示学生的创作才华，还可以激发其他同学的学习兴趣，形成良好的学习互动氛围。

此外，展示文学作品中的名言警句也是营造文学氛围的有效手段。教室中挂起的经典句子或者名人名言，不仅可以让学生感受到文学作品的深度和内涵，还能够启发他们的思考和创作灵感。这些名言警句通过简洁的语言表达了丰富的人生智慧，能够引导学生思考人生的意义和价值，从而激发他们的创造性思维和想象力。

通过营造出充满艺术气息的学习环境，教师可以有效地激发学生的学习热情和创造力，这样的环境不仅可以提升学生的文学素养和审美情趣，还能够培养他们的创作能力，为他们未来的发展奠定坚实的基础。因此，教师应该充分利用各种手段，打造一个兼具教育与艺术氛围的学习空间，以促进学生全面发展。

（四）鼓励表演与创作

教育者在塑造学生的文学素养方面具有关键作用。他们不仅应该鼓励学生积极参与文学作品的朗诵和舞台表演等活动，也应该引导他们积极参与文学创作，这种全面的参与不仅有助于学生更深入地理解文学作品中人物的情感和内心世界，还能够显著提高他们的表达能力和情感体验。

通过文学作品的表演，学生得以更为直观地感知作品中的情节和人物心理，从而加深对作品内涵的理解。例如，在舞台表演中，通过角色扮演，学生可以身临其境地体验人物的情感和内心挣扎，从而更好地领悟作品所蕴含的情感世界，这种亲身体验不仅丰富了学生的情感体验，还培养了他们的同理心和审美情趣。

此外，文学创作也是培养学生想象力和表达能力的重要途径。通过自主创作，学生可以尽情展现自己的想象力，表达内心的感受和情感。教师应该给予学生足够的自由和支持，鼓励他们勇于表达自己的观点和情感，不断开拓创新，这种创作过程不仅能够激发学生的创造力，还能够提高他们的文学修养和写作水平。因此，教师应该积极鼓励学生参与文学创作，并为他们提供良好的平台和机会。通过在教学中融入文学创作的环节，教师可以激发学生的学习兴趣，激发他们对文学的热爱，并在他们的成长和发展过程中起积极的推动作用。

总而言之，小学语文教育的艺术风格是教育教学中的一种重要方式，具有丰富的特点和重要的意义。在实践中，教师应注重艺术手段的运用，激发学生的学习兴趣，提高他们的情感表达能力和创造力，以提升教学效果，促进学生的全面发展，从而更好地实现语文教育的目标。

第四节　语文教育的主要流派

小学语文教育是培养学生语言文字能力、文化素养和思维品质的重要阶段，其教学方法和理念受到多种流派的影响和指导。在语文教育领域，不同的流派代表着不同的教学理念、方法和价值取向，各具特色。小学语文教育的主要流派包括传统主义、现代主义、启发主义和综合主义。每种流派都有其独特的教育理念、方法和价值取向，但都以促进学生语文素养和综合能力的提升为共同目标。在实际教学中，教师可以根据学生的特点和教学环境选择适合的教育流派和方法，以实现教育的最大效益。小学语文教育的主要流派包括以下几方面：

一、语文教育的传统主义流派

传统主义是小学语文教育领域中的一支重要流派，其理念着重于传承经典文化、重视文言文教学，以及倡导传统文化的传承与弘扬。在传统主义的教育理念中，语文教育的核心任务是传承与阅读经典文学作品，其强调培养学生的诵读、默写和作文等传统技能。研究古代文学作品，能够培育学生的审美品位、道德修养以及语言沟通能力，进而助力于全面提升学生的综合素质。

第一，传统主义注重对经典文学的传承与阅读。在传统主义的教学体系中，经典文学作品被视为重要的教学资源，学生被引导去理解、品味、欣赏和吸收其中所蕴含的文学价值和人文精神。这种注重经典文学的传承与阅读，有助于学生在阅读中培养批判思维、文学鉴赏能力和审美情趣，从而提升其人文素养。

第二，传统主义倡导传统文化的传承与发扬。传统主义认为，传统文化是中华民族的宝贵遗产，具有丰富的文化内涵和深厚的历史积淀。因此，传统主义教育强调在语文教育中融入传统文化元素，引导学生了解和尊重传统文化，培养学生对传统文化的热爱和传承意识，从而增强其文化自信和民族认同感。

第三，传统主义强调文言文教学。在语文教育中，传统主义倡导通过教授文言文，使学生了解和掌握汉语语言的演变和发展历程，进而增进对现代汉语语言的理解和应用能力。此外，文言文的学习还有助于培育学生的文字根基与语言沟通能力，增进文学修养和语文素质。

二、语文教育的现代主义流派

现代主义教育在语文教育方面彰显了其对现代性和实用性的重视，特别是强调了教学内容和方法与学生实际生活和学习需求的契合。在这一教育理念下，语文教育不再是单一地传授知识，而是更注重培养学生的实际语言运用能力，使他们能够在现实生活和学习环境中自如地运用语言。为此，现代主义教育理念主张以学生为核心的教学模式，通过激发学生的兴趣和积极参与，旨在培养其自主学习能力及创新思维。

在现代主义的语文教育中，学生不再是被动地接受知识，而是被视为学习的主体，教师的角色更多地转变为引导者和促进者。教师会鼓励学生提出问题、探索答案，并在学习过程中激发他们的思维和创造力，以学生为核心的教学方法有助于激发学生的学习热情，强化他们的学习积极性，同时能更有效地满足各学生的个性化学习需求，提升教育教学质量。

除了注重学生的学习需求和兴趣，现代主义语文教育还强调与现代科技的融合。随着信息技术的发展，多媒体教学和网络资源的利用已经成为提高教学效果和学生参与度的重要途径。教师可以通过多媒体教学手段，如图像、音频、视频等，使语文教育更加生动形象，吸引学生的注意力，提高他们的学习效率。与此同时，通过网络资源，教师得以为学生提供丰富多样的学习材料与信息，拓宽他们的学术视野，并激发其学习热情。

总而言之，现代主义语文教育注重培养学生的实际语言运用能力，倡导以学生为中心的教学方式，强调与现代科技的融合。通过这些努力，可以更好地满足学生的学习需求，提高教学效果，培养学生的创造性思维和自主学习能力，使他们能够更好地适应现代社会的发展和变化。

三、语文教育的启发主义流派

启发主义是一种教育理念，强调激发学生的学习兴趣和潜能，旨在培养学生的思维活力和创造性。在启发主义的框架下，语文教育不再局限于简单的知识传授，而是更注重培养学生的思维能力和创造性思维。

第一，启发主义流派强调教育的多样性，它提倡采用各种教学方法，如情景教学和问题导向教学等。通过这些方法，教师可以创造出有趣且引人入胜的学习场景，激发学生的好奇心和求知欲。例如，情景教学法旨在将学生置于实际情境之中，通过模拟或角色扮演的方式，使学生亲身体验语言运用，进而加深对语文知识的理解与运用能力。

第二，启发主义流派倡导个性化的教育，它重视每个学生的差异性，尊重学生的兴趣和特长，鼓励他们发挥自己的优势。教师应该灵活运用不同的教学方法和资源，满足不同学生的学习需求，帮助他们实现个性化的学习目标。

第三，启发主义流派注重学生的主动性和参与性。教师在课堂上不再是简单的知识传授者，而是引导者和促进者。他们鼓励学生自主探究、发现和思考，培养学生独立思考和问题解决的能力。通过让学生参与课堂讨论、小组合作等活动，教师可以激发学生的思维活力，引导他们积极思考和交流。

总而言之，在启发主义的教育理念中，语文教育不仅仅是传授语言知识，更重要的是培养学生的思维能力和创造性。借助多元化教学策略及个性化教育手段，启发主义教育旨在激发学生学习热情，提升其自主学习技能及问题解决能力，为他们的终身发展奠定坚实基础。

四、语文教育的综合主义流派

综合主义教育旨在融合多种教育理念和方法，构建一个多元化的教育系统，以满足学生的全面发展需求，这一教育理念强调整合传统文化教育和现代科技教育两者之间的关系，同时注重培养学生的综合素养和跨学科能力。在综合主义教育实践中，教师发挥着核心作用。他们根据学生的个体特质与学习需求，巧妙地运用各类教学方法及手段，旨在提升学生的全面发展。

综合主义教育的核心理念是在教育过程中实现多元化和综合性，这意味着不再将教育理解为简单的知识传递，而是将其视为一个综合的过程，结合了多种元素，包括传统文化的价值观念、现代科技的应用以及学生个体差异的考量。传统文化教育的价值在于传承历史文化，弘扬优秀传统，并为学生提供根本的文化素养基础。现代科技教育致力于提升学生的科学素养和创新能力，使他们能够应对当今科技领域的飞速发展。

综合主义教育的实践注重于个性化和差异化的教学。教师在课堂上将根据学生的兴趣、能力和学习风格，灵活地调整教学内容和方法，这可能需要小组合作、问题解决、实践探究等多种教学策略的结合运用。借助于这种量身定制的教学策略，教师能够更有效地激发学生的学习热情和积极性，从而提升他们的学习成果。

此外，综合主义教育也强调跨学科的整合。在传统的学科分类体系之外，教师会鼓励学生跨越学科边界，进行跨学科的学习和研究，这有助于学生更深入地理解知识，培养综合分析和综合创新的能力。"以先进的教育教学理念为引领，以有效的教育教学方法为推手，以浓厚的语文学习兴趣为内驱，以良好的语文学习习惯为保障，小学生的语文核心素养就会全面发展。"[①]与此同时，跨学科学习也能够提升学生的问题解决能力，提高他们的综合素养。总而言之，综合主义教育旨在打破传统教育的边界，促进学生全面发展，它不仅注重于知识的传授，更关注于学生个体发展的各个方面。通过整合传统文化教育和现代科技教育，个性化和跨学科的教学实践，综合主义教育为学生提供了一个更为丰富、多元的学习环境，有助于他们成为全面发展的社会人才。

---

① 刘雪梅.小学中高年级语文教育高质量发展策略[J].亚太教育，2023（2）：165.

第二章　语文教育的文化体系

语文教育的文化体系是指在小学阶段，通过语文教育传承和培育中华优秀传统文化，培养学生正确的价值观、审美情趣和文化素养的系统。其核心包括语言文字、文学艺术、历史人文、道德修养等方面。鉴于此，本章主要研究语文课程改革的文化路径、语文课程的节气文化与节日文化、语文教育的汉字文化与传统文化、语文教育的姓氏文化与属对文化。

第一节　语文课程改革的文化路径

随着时代的进步和社会的发展，语文课程的改革已成为教育领域的重要议题。语文教育在塑造学生文化素养、促进国家文化软实力发展等方面具有重要作用，因此，探讨语文课程改革的文化路径对于提高语文教育的质量和水平具有重要意义。语文课程改革的文化路径主要包括以下几方面：

一、文化认同与语文教育

小学语文教育在塑造学生文化认同感和文化自信心方面具有重要意义。通过语文学习，学生不仅能够深入了解本民族的传统文化，还能够传承并发扬这一宝贵遗产。因此，语文课程改革应聚焦于培育学生的文化自觉意识，让他们在学术探究中深刻体验到民族文化的独特魅力，从而强化自身对文化传统的认同感。

第一，通过小学语文教育，学生能够深入了解中国悠久的文化传统。语文课程不仅仅是文字、词汇和语法的学习，更是对中国传统文化的传承和弘扬。在阅读古诗词、经典故事、传统文学作品的过程中，学生可以领略到中华文化的博大精深，感受到祖国悠久历史的底蕴，这种深入学习与感受不仅能够增强学生对文化传统的认同感,也能够激发他们对中华文化的自豪感和自信心。

第二,语文课程改革应当重视跨学科和跨文化的教育。通过将语文学习与历史、地理、美术等学科相结合,可以帮助学生更全面地理解和把握民族文化的内涵和外延。同时,通过开展与其他国家和地区文化的比较研究,可以帮助学生更客观地认识自己的文化,增强对中华文化的自信心和自豪感。

第三,语文课程改革应当注重激发学生的学习兴趣和主动性。通过设计富有民族特色的教学内容和形式,可以吸引学生的注意力,激发他们对语文学习的热情。例如,可以在课堂上进行诗词吟唱比赛、古代文化展示活动等,让学生在轻松愉快的氛围中感受到语文学习的乐趣,从而增强他们的学习积极性和主动性。同时,语文教育应当着重培育学生的批判性思维与创新精神,在继承优秀传统文化的基础上,鼓励他们勇于探索和实践,为民族文化的传承与发展注入新的活力与动力。

二、多元文化与语文教育

在全球化的背景下,各种文化之间的交流与碰撞愈发频繁,这为小学语文教育带来了新的挑战与机遇。语文课程的改革需要从多元文化的角度出发,引导学生尊重和包容不同的文化,培养他们进行跨文化交流的能力。在教学内容与方法方面,通过引入世界文学经典选读,可促使学生了解并感受各国民族文化的独特性,进而拓宽其文化视野,提升跨文化交流技能。

第一,小学语文教育应该注重培养学生对多元文化的尊重和包容。教师可以通过教授世界各地的文学作品来展示不同文化背景下的人物、情节和价值观,让学生了解到每种文化都有其独特的价值和美好之处。同时,教师应指导学生理解各类文化之间的差异并非简单地表现为优劣之分,而是赋予了世界以丰富的多样性。因此,学生应具备开放的心态,对各类文化予以包容与尊重。

第二,语文课程的改革可以通过增加世界文学名著的选读来实现。各国均拥有悠久的文学传统,这些作品揭示了各自的文化背景、地域特色和价值观,有助于学生更加深入地认识和体会各种文化的精髓。例如,通过阅读四大名著,学生可以了解到不同文化背景下人们对生活、爱情、友谊等话题的不同理解和表达方式,从而加强对多元文化的理解和尊重。

第三,语文教育可以通过多样化的教学方法来促进跨文化交流能力的培养。教师可以采用小组讨论、角色扮演、文学分享等活动形式,让学生在交流中学会尊重他人的观点、倾听他人的声音，并学会以开放的心态去理解和接纳不同文化的差异。教师可指导学生运用互联网资源，探究各国民族的文化习俗、传统节日及风土人情等，以全面提升对世界多样性的认知，并增强跨文化交流技巧。

总而言之，在全球化的背景下，小学语文教育需要从多元文化的视角出发，培养学生对不同文化的尊重和理解，提高他们跨文化交流的能力。通过增加世界文学名著的选读、多样化的教学方法以及利用互联网资源等途径，可以帮助学生拓宽文化视野，提升跨文化交流的能力，从而能够更好地适应和应对全球化时代的挑战与机遇。

三、文本解读与文化解构

小学语文教育的重要使命在于培养学生的文本解读能力，这是一个不可或缺的核心任务。然而，文本的表面之下往往蕴含着丰富的文化内涵，因此，文本的解读不可避免地与文化解构相互交织。因此，语文课程改革应当着重加强对文本所承载文化内涵的解读，引导学生从文本中感知并深刻理解文化内涵，从而提升他们的文化解码能力。在教育教学过程中，通过运用文学作品、历史资料等多元化手段，引导学生深度发掘文本内含的文化底蕴，进而提升其文化解析能力。

第一，通过文学作品的教学，可以有效地激发学生对文化内涵的理解和认知。文学作品作为文本的重要形式，往往通过情节、人物、语言等多种元素来展现特定时代和特定文化的精神内涵。例如，通过阅读古代诗词或现代小说，学生可以感受到作者对当时社会、生活的描绘和抒发，从而深入了解相关的历史文化背景和社会风貌。通过对文学作品中的文化符号、隐喻等元素进行深入分析，学生逐渐培养出对文本背后文化内涵的敏锐感知与解读能力。

第二，历史文献的引入是提升学生文化解构能力的重要途径。历史文献作为文化的重要载体，记录了丰富的历史信息和文化遗产。通过对历史文献的深入剖析，学生不仅可以全面了解历史事件的演变过程，更能深刻洞悉相应时期的社会体制、思想观念及文化内涵。例如，通过阅读古代典籍、历史记录等，学生可以了解到不同历史时期的人文风貌、社会风俗，进而理解文本所反映的文化特征和时代精神。

第三，教师可以通过多媒体教学、实地考察等方式来丰富教学内容，加强学生对文化内涵的感知和理解。例如，组织学生参观历史博物馆、文化遗址，通过观察、体验等方式，让学生深入感受历史文化的厚重底蕴，进而理解文本中所蕴含的文化内涵。同时，结合当代社会现实，引导学生思考文化传承与创新的关系，拓宽他们的文化认知视野，并培育其对多元文化的包容态度及理解能力。

总而言之，语文教育应当紧密结合文本解读与文化解构，通过多种途径和方法，引导学生深入理解文本背后所蕴含的文化内涵，提升他们的文化解码能力，这不仅有助于学生全面发展，还有助于培养他们的国际视野和跨文化交流能力，促进语文教育的不断深化与发展。

四、文化创新与语文教育

随着社会不断发展演变，文化亦呈现出持续的创新和变革。在这一背景下，小学语文教育亦需与时俱进，聚焦于培养学生的文化创新意识与创造力。对于语文课程的改革，要重视培育学生之文化创新精神，启发他们关注时事热点及社会变革，借助语文学习与实践，积极投身文化创新之举，以贡献个人之力，助力文化续航发展。

随着时代的不断演进，社会文化的更新换代已成为一种必然。在这个过程中，语文教育的重要性日益凸显。语文作为一门学科，不仅仅是传授语言知识，更是在培养学生的文化素养、创新精神方面扮演着重要的角色。因此，针对语文课程的改革，不能仅仅局限于知识传授的层面，而应更加关注激发学生的文化创新潜能。

在这一背景下，语文教育的目标应当更加明确，即要培养学生具备应对时代变革的能力。因此，语文课程改革需要引导学生不仅仅关注语言文字的表达，更要关注社会、科技、文化等方面的变化，引导他们从中汲取创新的营养，培养出适应未来社会发展需要的创新能力。在课程内容上，可以通过增加与时事相关的文学作品、实践性的写作活动等方式，使学生更加贴近当代社会，更加了解社会现状与发展趋势。同时，通过对课外拓展活动及社区服务的运用，使学生将语文学习与现实生活相结合，进而培育其实践技能与创新思维。

教师在语文教育中的角色也至关重要，他们需要不断更新自身的知识储备，不断学习新的教学理念和方法，以更好地引导学生，激发他们的学习兴趣和创新潜能。同时，教师要重视个性化教学，针对学生个体差异及需求，制定富有弹性和多样化的教学方案，以促使每位学生最大限度地挖掘自身潜能。

总而言之，随着社会的发展，语文教育需要与时俱进，注重培养学生的文化创新能力，这不仅仅是为了适应社会的发展需求，更是为了让每个学生都能够成为未来社会的有益建设者和创新者。

五、教师角色与语文教育

在小学语文教育领域，教师扮演着重要的角色，他们不仅是教学的主体，更是推动改革的先行者。语文课程的改革需要教师具备良好的文化素养和教育教学能力，这是确保改革有效实施的关键。因此，语文教师应致力于不断提升自身文化素养与专业能力，积极探求契合时代变迁的语文教育教学模式与方法，持续创新教学观念及策略，从而为学生带来更为卓越的语文教育品质。

第一，语文教师需要具备广泛而深厚的文化素养。他们应当对语言、文学、历史、哲学等领域有着扎实的基础知识，并能够将这些知识有机地融入教学实践中。通过不断学习和阅读，教师能够不断丰富自己的知识储备，拓宽自己的思维视野，从而更好地引导学生理解和感悟语文内涵。

第二，语文教师应当不断探索适合时代发展的语文教育模式和方法。随着社会的不断变革和科技的飞速发展，传统的教学方式已经不能完全适应学生的需求。因此，教师需要积极借鉴先进的教育理念和教学技术，探索符合时代特点和学生特点的教育模式，如项目化教学、合作学习、个性化教学等，以提升教学效果和学生的综合素养。

第三，语文教师需要具备优秀的教育教学能力。他们应当熟悉教育学、心理学等相关学科的理论和方法，能够灵活运用各种教学手段和技巧，满足不同学生的学习需求。同时，教师还应具备良好的课堂管理能力和沟通能力，创设积极、和谐的学习氛围，激发学生的学习兴趣和潜能。

第四，语文教师应当不断创新教学理念和手段，为学生提供更加优质的语文教育服务。他们应当关注教育前沿的理论和实践，积极参与教研活动和专业培训，不断完善自己的教学方法和教学资源，以提高教学质量和教育水平。同时，教师应高度重视对学生创新思维与实践能力的培养，鼓励他们积极投身课堂探讨及课外实践，以此拓宽知识领域，全面提升综合素质。

总而言之，作为小学语文教育的重要主体和推动者，语文教师应当不断提升自身的文化修养和专业水平，积极探索适合时代发展的教育模式和方法，持续创新教学理念和手段，为学生提供更加优质的语文教育服务，这不仅是教师自身的责任，也是对学生和社会的责任，为培养具有国际竞争力的新时代人才贡献自己的力量。

六、家校合作与语文教育

家庭是学生最早的文化社会化场所，扮演着塑造个体认知、价值观和行为模式的重要角色。在教育体系中，家庭教育与学校教育密切相关，二者相互交织、相辅相成。在小学语文教育领域，学校与家庭的紧密协作至关重要，双方共同承担培育学生语文素养及文化修养的使命。

语文教育的目标不仅是传授文字知识，更是培养学生的思维能力、表达能力和文化品位，在这一过程中，学校和家庭都扮演着不可或缺的角色。学校作为正式的教育机构，得以提供系统化的课程与教学资源，家庭作为学生最初接触语言文字的场所，家长的言传身教及情感关怀对学生语文学习也产生了深远影响。

为了更好地推进语文教育的改革，需要加强学校和家庭之间的密切合作。首先，学校应当主动与家长沟通，了解家庭教育的特点和需求，积极倾听家长对孩子语文学习的期望和建议；其次，学校可以开展家校互动的活动，如家长开放日、家庭作业辅导等，让家长更加了解学校的教学内容和方法，提供更有针对性的支持；最后，学校也可以借助现代科技手段，建立家校互动的平台，方便家长与教师之间的交流与合作。

除了加强学校和家庭之间的合作，还应当建立起学校、家庭和社会的教育共同体，这个共同体将学校、家庭和社会资源有机整合，共同肩负起培养学生的责任和使命。学校可以与社会文化机构合作，举办语文文化活动，拓宽学生的语言视野，增强学生的文化体验；家庭与社区组织携手合作，共同打造优质学习环境，以激发学生求知热情。语文课程改革需要学校和家庭的密切合作，共同培养学生的语文素养和文化修养。只有通过加强家校合作、建立教育共同体，才能更好地促进学生的全面发展，为其未来的成长奠定坚实的基础。

总而言之，语文课程改革的文化路径是一个复杂而又深刻的过程，需要各方共同努力、共同探索。只有在文化认同、多元文化、文本解读、文化创新、教师角色和家校合作等方面不断创新和完善，才能够实现语文教育的全面发展和提高。

第二节　语文课程的节气文化与节日文化

一、语文课程的节气文化

　　"中华优秀传统文化是中华民族的灵魂所系，是中华民族历史得以形成、延续，并且开启未来的根基所在。"①传统文化是在民族历史发展的进程中形成的，有着一个民族所特有的生产实践和生活实践的深深印记，是独具民族特色的文化。中华民族的传统文化博大精深，就民俗方面而言，除"五行文化"外，还有着独具一格的"节气文化"。"节气"的"节"的本义是指植物茎上生叶与分枝的部分，也就是一个重要的"点"。"气"所指自然是气候。因此，"节气"代表了气候变化的特定时刻，它与个人成长、农业生产的安排息息相关，这一概念源自我国古代人民对太阳在一年中对地球影响的总结，构成了一套气象历法。全年共二十四个节气：立春、雨水、惊蛰、春分、清明、谷雨、立夏、小满、芒种、夏至、小暑、大暑、立秋、处暑、白露、秋分、寒露、霜降、立冬、小雪、大雪、冬至、小寒、大寒。其根据是从"小寒"起，太阳黄经每增加30°，就进入另一个节气。二十四节气是中国人民历经长期观察和探究自然界千变万化的现象，高度结合中国独特的气候环境与自然地理条件，在总结顺应自然规律之后逐步形成的，它承载着显著的中华民族传统习俗及丰富的历史文化底蕴，作为中国人民生存发展的精神支柱，正是统编教材高度重视节气文化教育的根本缘由。

　　例如，在小学语文教材中编入民间的《二十四节气歌》，将二十四节气的名称，各取一字，巧妙地合成文意大致可通的一首七字四句诗："春雨惊春清谷天，夏满芒夏暑相连。秋处露秋寒霜降，冬雪雪冬小大寒。"每句有6个节气，如首句为"春雨惊春清谷天"，意思就是"（立）春雨（水）惊（蛰）春（分）清（明）谷（雨）天"。虽然每句都是从一个节气中各取一字，但比较巧妙的是，这一个个孤立的字，也可以大致表示相连的句，如第一句"春雨惊春清谷天"，大致的意思可以理解为春雨滋润万物，人们惊喜地发现，春天已悄然到来，那应当就是该清理谷种的时候了；第二句"夏满芒夏暑相连"，也可以理解为夏天的麦子长起了芒刺，可以收割了，小的暑天、大的暑天连接着来到人间；第三句"秋处露秋寒霜降"，秋天逐渐地进入了寒秋，寒冷的浓霜也降临大地；

---

　　①　周一贯.小学语文教育的文化观[M].南昌：江西教育出版社，2021：64.

第四句"冬雪雪冬小大寒"，冬天下雪，雪降严冬，小寒的天气、大寒的天气便相继来临。能够熟记二十四节气歌，不仅关乎传承我国节气文化的重要性，还是掌握气候变化、明晰农业生产季节、指导健康生活方式的必备知识。小学语文教材的特点是增加了中华优秀传统文化的内容，重视节气文化的教学正是其中的一个表现。

小学语文教材中清代高鼎的《村居》："草长莺飞二月天，拂堤杨柳醉春烟。儿童散学归来早，忙趁东风放纸鸢。"这正是"春分"前后的节气，东风送暖，草长莺飞，杨柳笼烟，桃花待放。虽然诗写的是儿童放鸢的游戏活动，但着墨更多的还是它的节气环境和早春风光。又如，宋代苏轼的《惠崇春江晚景》："竹外桃花三两枝，春江水暖鸭先知。蒌蒿满地芦芽短，正是河豚欲上时。"这虽然是苏轼为北宋名僧惠崇所作《春江晚景》的题画诗，但也凸显了春日节气。诗人紧紧抓住画题（春江晚景）画意，仅以简洁之笔，描绘了桃花盛开、江水回暖、鸭子嬉戏、芦芽初生的景象，生动展现了早春时节优美的江边景色。特别是"春江水暖鸭先知"一句，更成了脍炙人口的千古名句，在写早春之景时又阐发了哲理。诗中写春日的节气之景，主要是明写，但也有暗写，如"正是河豚欲上时"就不可能会出现在画面上，但也不妨以画中并未出现的景物，来概括地点明这一时节，既渲染了初春的气息，又深化了画中的意境，并且丰富了对节气感受的内涵。

宋代杨万里的《宿新市徐公店》："篱落疏疏一径深，树头花落未成阴。儿童急走追黄蝶，飞入菜花无处寻。"这首很有儿童情趣的诗，为多种版本的小学语文教材所青睐，绝非偶然，它所描绘的那幅生机勃勃而又明丽光彩的春色画卷，不只是体现了诗人闲适愉悦的心境，儿童追黄蝶、黄蝶飞入菜花（也是黄色的）而不见踪影的特写镜头，更是充满了田园生活的意趣和一派生机盎然的春色。读者不难从诗人清新明快的笔调中，先见其远景；"一径深"的"深"字写出了田间小路伸向远方，不仅拉长了读者的视线，而且激起了读者对田园美色的无限遐想。继续描绘近景，枝头尚且疏落的新绿，初春的树木尚未繁茂，却已令人感受到春日气息的降临，从而心生愉悦与欣喜，此景仅为诗人所目睹的静态画面。后两句，笔锋一转，景物由静而动，出现了一个追黄蝶的儿童。如此一远一近、一静一动，把初春的节气景色描绘得意趣盎然。

唐代杜牧的《江南春》："千里莺啼绿映红，水村山郭酒旗风。南朝四百八十寺，多少楼台烟雨中。"这首诗描绘了春天节气的江南风光，以宏阔视野的扫描，集中了江南春色的多种典型景点。诗人先从绿树红花、到处莺啼落墨，接着便展开描写目不暇接的景物，似乎处处有山村，有山郭，有酒楼，都在春风的吹拂之中。还有数不清的寺庙，众多的亭台楼阁，也都掩藏在迷蒙的如烟春雨里。在短短的28个字的诗里，诗人把千里的江南春色，描绘得如此淋漓尽致。春日气息中的江南展现出了她丰富多样的风貌。雨后初晴，绿叶映红，自然景色与人文景观交织，山川湖泊、寺庙亭楼尽收眼底。在这充满生机的时节，江南的美丽风光令人陶醉，这样的表达效果，有近有远，有见有思，有动有静，有实有虚，虚实相生、远近相容的手法，方能有如此脍炙人口的效果。

节气揭示了四季气候变化的基本时序规律，人类生活在大自然的环境之中，与四季变化关系密切。因此，在古诗词中，因节气而生发情感、体悟人生自然成为必然。也正因如此，在教材中涉及的与节气相关的内容除古诗外还有许多，如《秋天》《四季》。例如，《田家四季歌》点出了四季与农事生产的紧密关系；《十二月花名歌》《数九歌》等，也都是与节气相关的大自然的变化。正因为节气与人类的生存有着密切的关系，所以每个节气都蕴含着人们深厚的文化情愫。

二、语文课程的节日文化

节日可指纪念日，如五一国际劳动节等；也可指传统的庆祝或祭祀的日子，如清明节、中秋节等。在中华优秀的民族传统文化中，节日文化是一个不容忽视的话题，因为它有着隔不断的历史记忆和乡俗民情，由于世代相沿成习而成为家国情怀中的一个重要内容，它以某些独特的仪式感，或是祭祀亲属前辈（如清明节），或是怀念某一伟人（如端午节纪念屈原），或是欢庆一年丰收（如春节），或是参与某种娱乐（如重阳节登高）。而所有这些活动，或者是表达情思，或者是祭祀缅怀，或者是美食评赏，或者是亲人聚会，或者是相伴出游，赋予人们休闲放松的片刻，同时提供交流互动的机会，引发多样化的心理体验与审美感悟，进而强化了深厚的家国情感。

节日文化还与节气文化有着内在的联系，这是因为节气与中华民族的生存、生产、生活、生态有着密切的联系，也就衍生出了相应的具有民族特色的传统节日。如春天的清明节，正好郊外踏青；夏日的端午节，适合龙舟竞渡；秋季的重阳节，自然宜于爬山登高；严冬的春节需要休养生息，准备迎来开春的新一年生计，此处蕴含着极为丰富的社会学、历史学、生态学和心理学内涵，促使人们对生命和历史展开更深入的自信与反思。

中华民族传统节日有着自身内在的丰富文化内涵，即使如不太知名的上巳节，也有着不一般的意义。例如，农历三月上旬的第一个巳日，故叫作上巳，直到魏晋时期，才固定于三月初三为上巳节。在这一天，大家会十分开心地一伙一伙去河边溪畔，用清澈透凉的水流，冲洗身上的污浊，以表示迎新的佳意。一些文人雅士则会成群地去溪流边，坐着饮酒。有些还做"曲水流觞"的游戏，就是在酒杯里斟满了酒，让酒杯在溪水中顺流而下，随着溪水的曲折，酒杯在哪里停下了，就让坐在那里的人吟诗一首，吟不成的就得罚酒。著名大书法家王羲之的"兰亭修禊"，就是上巳节的一场活动，也有曲水流觞的雅举。在唐代，上巳节就有了宫廷曲江池宴之举，唐代历代皇帝在曲江池畔大宴群臣，君臣同乐，盛况空前。另外，上巳节还成为人们户外游春的适宜时机。在这样的日子里，大众纷纷整理仪容，满怀喜悦地结伴前往郊外欣赏春景。

由此可见，民族传统的节日文化有着强大的教育含义，这就不难理解统编教材中对此的重视。例如，小学语文教材的《传统节日》中，系统地以儿歌形式编入了春节、元宵、清明、端午、乞巧、中秋、重阳等一年中的主要传统节日。又如，《难忘的泼水节》更是有代表性地编入了我国少数民族的一个传统节日。傣族人通常称新年为泼水节，含有辞旧迎新的意思。中国傣族节在每年清明后十日左右举行，为期三至四天，第一天叫作"腕多桑利"，意为除夕。最后一天叫作"腕叭腕玛"，意为"日子之王"到来之日，即新年元旦。中间的一天或两天，叫作"腕脑"，意为"空日"，这几天都是泼水的时节。"泼水"是吉庆的表示，意为"水花放，傣家狂"。在这个节日里，青年男女盛装相约，街头巷尾追逐泼水。你泼我，我泼你，每个人的头上、脸上、身上都闪耀着水花。水象征着尊敬、爱戴，谁被泼水最多，谁就是最幸运的人。据说泼水还有"文泼"和"武泼"之分。对长者，对尊敬的人，拉开对方衣领，口里念诵祝词，将一瓢水倒下去，叫作"文泼"。"武泼"就是青年男女之间的追逐猛泼，这一盆水中饱含着青年男女真挚热烈的美好感情。伴随泼水庆典，各类传统活动如划龙舟、跳象脚鼓舞及孔雀舞等纷纷亮相，营造出一片欢腾喜庆的佳节氛围。

（一）春节

农历的正月初一称春节，又名过大年（年节），这是中国各民族最悠久最隆重的传统佳节。古时的正月初一称为元旦。春节是农历的一岁之首，家家户户起早就要燃放烟花爆竹，门上贴春联，房内挂新画，人们穿戴一新互相祝贺。春节的重要活动之一便是走亲访友、拜年道贺，这一传统习俗旨在促进彼此之间的信息沟通、思想交流、感情联络，还能享受亲情的温暖与友情的陪伴。

春节前一天称除夕。除夕晚上家家都要自备最丰盛的菜肴，老少同堂吃年夜饭，看春晚，自然是其乐融融。欢度春节时，各地还有如舞狮、耍龙灯、演杂技、踩高跷等丰富多彩的娱乐活动。现在更有出门进行长途和短途旅游的，无不都在享受太平盛世的快乐。小学语文教材中的《元日》（宋·王安石）："爆竹声中一岁除，春风送暖入屠苏。千门万户曈曈日，总把新桃换旧符。"正是对春节习俗的写照。

（二）元宵节

"正月十五闹元宵"是我国自古以来的传统习俗之一。"一年明月打头圆"，意思就是元宵节是大地回春之后的第一个月圆之夜，故称元宵节，这一天家人欢聚一堂吃汤圆（也叫作元宵）、庆团圆。也因为过了元宵节，春节就结束了。古时的元宵节更为隆重，要张灯结彩，扎牌楼，悬灯谜。唐代诗人苏味道的"火树银花合，星桥铁锁开。暗尘随马去，明月逐人来……"写的就是元宵夜景之盛。当时的元宵节又称灯节，或上元节，迎灯和观灯是重要内容。

元宵节不仅是家庭团聚的日子，还是民间艺术的大展示。各地的民间艺术团体会在这一天举办各种表演活动，如舞龙、舞狮、踩高跷、划旱船等。这些表演富有地方特色，精彩纷呈，吸引了大量的观众。此外，元宵节还是诗词、对联、谜语的盛会，人们通过猜灯谜、对对联等方式，传承和弘扬我国的文化传统。随着时代的发展，元宵节的庆祝形式也在不断丰富和创新。现代的元宵节，除了传统的汤圆、灯谜、民间艺术表演外，还增加了各类文化活动、庙会、游园会等。人们可以观赏到各种新颖的彩灯设计，感受到浓厚的节日氛围。此外，元宵节的假期也成为人们出游、走亲访友的好时机，进一步加深了人与人之间的感情。在元宵节这个重要的日子里，我国各地都有着独特的习俗和风情。南方地区元宵节流行吃汤圆、赏花灯、舞龙舞狮等；北方地区则注重吃元宵、观灯会、猜灯谜等，这些习俗丰富多彩，充分展示了中华民族的传统文化和民间智慧。

（三）乞巧节

小学语文教材中有唐代林杰的《乞巧节》一诗："七夕今宵看碧霄，牵牛织女渡河桥。家家乞巧望秋月，穿尽红丝几万条。"《迢迢牵牛星》都与传统的乞巧节有关。乞巧节又称七夕节、少女节、情人节，时间指的就是农历七月初七的晚上，这个节日源于牛郎织女。相传天上心灵手巧的仙人织女与凡间淳朴敦厚的牛郎相爱，却因天规天条的限制而不得不分离，只有在这一天晚上才可在天河的两岸相望，这时有许多喜鹊为其情动，在天河上集聚成桥，使牛郎织女得以一年一度地相会。于是，人们为了庆贺他们的相聚，在庭院里搭起彩楼，摆香案，设瓜果。姑娘在月光下穿针引线进行赛巧，以快者为得巧。赛巧之外还有卜巧，就是将一种名为"喜蛛"的红色小蜘蛛，置于瓜上或密闭于盒中，能够结网的便是得巧；或是将针、松针、纤草置于碗中水面上，观察水底倒影是否精致美观为是否得巧。男孩卜巧，则于初一清晨在小瓦盂中放细沙种麦子，日灌清水，夜受雨露，待到初七晚上，将麦芽取出，视麦芽根须形状定一生巧拙。

（四）登高节

小学语文教材中收录了唐代诗人王维的《九月九日忆山东兄弟》一诗，该诗以九月初九这一传统节日——重阳节为背景，描绘了人们欢庆此日的习俗和情景。在这一天，人们纷纷佩戴茱萸，饮用菊花酒，并相约出游登高。这些活动既是对节日的庆祝，也体现了人们对自然景观的赏析和对亲情、友情的表达。

"遍插茱萸"和"登高"正是诗中所描绘的节日风俗的写照。茱萸在中国传统文化中象征着吉祥、长寿，插上茱萸叶是一种驱邪避灾的习俗，也被视为对家人的祈福和保佑。而登高则是古人庆祝重阳节的主要活动之一，代表着迎接新的一年、祈求幸福吉祥的意愿。在登高的过程中，人们可以俯瞰群山和美景，感受大自然的壮美，体味生活的愉悦。这些习俗自古以来就一直传承，不仅体现了人们对自然、生活的热爱和敬畏，也展现了中华民族丰富的文化内涵和传统美德。王维通过诗歌将这些习俗生动地描绘出来，使读者能够感受到重阳节的独特魅力，领略到中国传统文化的深厚底蕴。因此，这首诗不仅仅是一首文学作品，更是对中国传统节日文化的生动表达和记录。

（五）寒食节

小学语文教材中收录了唐代诗人韩翃的七言绝句《寒食》，寒食节也叫作"禁烟节""冷节"，意思是这一天要"禁火"，那就意味着不能做饭，只能吃冷食、干粮，故称"寒食"。在唐诗中有多首写寒食的，如韩偓的《寒食夜》：

"恻恻轻寒翦翦风，小梅飘雪杏花红。夜深斜搭秋千索，楼阁朦胧烟雨中。"这首诗描写的是寒食节之夜春色浓艳而又凄美的庭院景色，情意温馨含蓄，让人回味无穷。而教材中入选的韩翃的那一首，也是七言绝句，且写出寒食节的活动与氛围，以五侯家的热闹反衬贫寒之家的孤苦和寥落文人的落寞。

第三节　语文教育的汉字文化与传统文化

一、语文教育的汉字文化

小学语文教育在中国教育体系中扮演着至关重要的角色，其核心内容之一便是汉字文化的传承与发扬。汉字作为中华文明的瑰宝，是中国文化的象征之一，承载着悠久的历史和深厚的文化底蕴。因此，在小学语文教育中，不仅仅是教授学生如何认识、书写汉字，更重要的是引导他们深入了解汉字的演变、结构、内涵以及与中国文化的密切联系，从而培养学生对汉字文化的热爱和认同，促进他们的全面发展。"教师应立足于传统汉字文化内涵开展教学，将汉字文化有效地融入小学语文教学之中，让小学生在学习语文知识的同时，将我国的汉字文化发扬光大。"[①]

（一）培养汉字的基本认识与书写技能

在学龄前儿童进入小学后，他们面临着从简单涂鸦到认真书写汉字的转变，这一过程是语文教育中至关重要的环节，因为汉字是中文书写的基础，对学生的语言能力和文化素养有着深远的影响。因此，小学语文教育应该从认识最基本的汉字开始，逐步拓展到更复杂的字形和字义，以帮助学生在学习过程中建立起对汉字的正确理解和书写习惯。

第一，学生在学习汉字时需要掌握字形和字音的对应关系。通过系统的教学安排，教师可以引导学生逐步认识常用汉字的结构和笔画，培养他们对汉字形体的敏感性和把握能力。例如，通过观察汉字的构造和学习笔顺，学生可以逐渐掌握汉字书写的规范和技巧，从而提高书写的准确性和美观度。

第二，学生在学习汉字的过程中需要理解字义和词义的内涵。汉字作为象形

---

① 孟颖凤，袁征.汉字文化融入小学语文教学的路径研究[J].教育艺术，2023（11）：50.

文字，往往蕴含着丰富的文化内涵和历史意义。因此，教师可以通过讲解汉字的由来和发展，引导学生深入理解汉字所表达的含义和情感。通过课堂讨论和阅读课外文献，学生可以逐渐提升对汉字字义和词义的理解水平，从而提高语言表达和沟通能力。

第三，为了激发学生学习汉字的兴趣，教师还可以采用丰富多样的教学方法和活动形式。例如，组织书法课、拼字比赛等活动，让学生在轻松愉快的氛围中感受汉字艺术的魅力，激发他们对汉字学习的热情。同时，教师还可以利用多媒体技术和互动游戏等教学资源，增强教学效果和趣味性，使学生在积极参与中不断提高汉字的认识和运用能力。

总而言之，小学语文教育应该注重学生汉字学习的系统性和趣味性，从基础认知到深层理解，逐步培养学生对汉字的正确认识和书写习惯。通过教师的精心设计和多样化的教学手段，相信学生在学习汉字的过程中将会取得丰硕的成果。

（二）汉字文化的历史渊源与发展演变

汉字作为一种独特的文字符号，其源远流长的历史与演变过程蕴含着丰富的文化内涵与历史信息。在教学实践中，深入探讨汉字的起源、发展以及演变等方面，不仅有助于学生对汉字的认识与理解，更能引导他们深入了解中国古代文化的精髓与底蕴。

第一，汉字起源于古代中国，其发展历程可谓丰富多彩。从最早的象形文字，到后来的指事、会意、形声等演变过程，汉字的形成与发展历程记录着中华民族数千年的文明史。通过深入研究汉字的起源，可以使学生们了解到古代人民对于周围环境与生活经验的感知与表达方式，从而更好地把握汉字所蕴含的历史信息。

第二，汉字的演变过程是一个值得深入探讨的话题。随着社会的发展与变迁，汉字的形态、用法与意义也不断发生变化。例如，古代的篆书、隶书、楷书等不同书体，每一种都承载着不同的时代风貌与文化内涵。通过分析汉字的演变，学生们不仅能够感受到汉字的博大精深，还能够理解其中蕴含的历史沧桑与文化积淀。

在教学中，除了着重讲述汉字的起源与演变，还可以通过课堂上的文学作品、古代诗词等文本，来引导学生感受汉字的美感与魅力。例如，《诗经》《楚辞》等经典文学作品，不仅展现了古代文人对于汉字的崇敬与赞美，还通过精妙的用字与构思，展现了汉字的艺术魅力与表现力。通过欣赏与分析这些文学作品，学生们不仅能够提高自己的文学素养与审美情趣，还能够加深对汉字文化的认知与理解。

总而言之，汉字作为中华民族的文化瑰宝，其源远流长的历史与丰富多彩的文化内涵，为人们提供了深厚的文化底蕴与精神滋养。在教学实践中，通过深入探讨汉字的起源、发展与演变，引导学生感受汉字的美感与魅力，不仅有助于提高他们的语文素养与审美情趣，还能够培养他们对于中国传统文化的热爱与传承意识。

（三）培养对汉字的深层次理解与应用

汉字作为一种符号文字，在其独特的形态与结构中承载着丰富的文化内涵和思想信息，它不仅仅是一种简单的工具性符号，更是一种具有深厚历史底蕴和情感色彩的载体。因此，在教学实践中，教师可以通过巧妙设计的教学活动和课堂内容，引导学生深入探究汉字的构造、形式与意义之间的关系，以更全面的方式理解汉字所包含的文化内涵。

第一，教师可以通过分析汉字的结构与组成部分，引导学生理解汉字背后的思维方式和文化传统。汉字的构造多样且独特，常常融合了形声、会意、象形等不同的字体结构。通过解析这些字体结构的内涵与演变过程，学生们可以更深入地理解汉字所承载的历史、文化和民族精神。例如，通过分析汉字"木"的结构，可以引导学生探讨木材在古代社会的重要性以及与自然环境的关系，从而深化对于汉字文化的理解。

第二，教师可以通过课堂活动和讨论，引导学生挖掘汉字背后的文化内涵和情感色彩。汉字的意义常常与古代文化、哲学思想、民间传说等紧密相连，因此，深入理解汉字的含义不仅有助于学生扩展词汇量，还能够丰富他们的文化知识和情感体验。例如，教师可以选取一些富有文化内涵的汉字，如"仁""义""道"等，通过解读其意义和历史故事，引导学生探讨人文精神、道德观念等方面的内容，从而培养学生的综合素养和文化品位。

第三，教师可以通过训练学生的汉字书写和识字能力，提高他们的语言表达能力和沟通能力。汉字书写是汉语学习的基础，良好的书写能力不仅能够提高学生的字词语感和语言表达能力，还能够培养他们的观察力和耐心。因此，在教学中，教师可以设计一些有趣的汉字书写练习和游戏活动，激发学生学习的兴趣和积极性，帮助他们轻松地掌握汉字书写技巧。

总而言之，汉字作为一种符号文字，不仅仅是一种工具性的符号，更是一种具有丰富文化内涵和情感色彩的载体。在教学中，教师可以通过教学设计和课堂活动，引导学生深入探究汉字的结构与意义之间的关系，理解汉字所蕴含的文化内涵和情感色彩，同时通过训练学生的汉字书写和识字能力，提高他们的语言表达能力和沟通能力，为他们未来的学习和生活打下坚实的基础。

（四）汉字文化与现代社会的融合发展

随着时代的不断变迁和科技的飞速进步，汉字作为传统的书写方式正逐渐融入现代信息技术，展现出崭新的发展态势，这一趋势的兴起使得在小学语文教育领域中，引入与汉字相关的现代技术和工具变得刻不容缓，其中，汉字输入法以及汉字书法软件等工具的适时引入，不仅可以丰富教学内容，提升教学效果，更能够培养学生的信息化素养和创新能力。

第一，随着信息技术的飞速发展，汉字输入法作为一种与时俱进的工具，在汉字书写过程中扮演着至关重要的角色。传统的手写汉字虽然具有独特的美感和文化内涵，但随着现代社会的快节奏生活，人们对于书写速度和效率的要求也日益增加。汉字输入法的引入不仅能够提高汉字书写的速度和准确性，还能够帮助学生更好地掌握汉字的拼音和结构规律，从而提升他们的汉字书写能力和语文素养。

第二，汉字书法软件的应用为小学语文教育带来了新的发展机遇。传统的汉字书法教学往往依托于纸笔和硬笔书写，学生们需要通过不断的反复练习来提高自己的书写水平。然而，随着数字化技术的普及，汉字书法软件的出现为学生们提供了一个全新的学习平台。通过这些软件，学生们不仅可以随时随地进行汉字书写的练习，还可以通过模拟教学和个性化指导来提升自己的书写技能。同时，一些汉字书法软件还融合了游戏化设计和社交互动功能，从而使得学习汉字书法变得更加生动有趣，激发了学生学习的兴趣和动力。

总而言之，随着汉字与现代信息技术的融合，小学语文教育中引入汉字输入法和汉字书法软件等现代技术和工具已经成为一种必然趋势，这不仅能够为教学提供更加丰富多样的教学资源，提高教学效果，还能够培养学生的信息化素养和创新能力，使他们在未来的社会中能够更好地适应和应对各种挑战和机遇。因此，教师应该进一步加强对这些现代技术和工具的研究和应用，为小学生的语文教育提供更加优质的服务和支持。

二、语文教育的传统文化

语文教育是培养学生语言文字运用能力的重要途径，而传统文化则是丰富语文教育内涵的重要资源。传统文化蕴含着深厚的历史积淀和智慧，对培养学生的语文素养、人文素养以及民族认同感具有重要意义。"教师在当前时代背景下，就应该顺应时代的发展趋势，积极优化自身的思维意识，能够结合新课程的改革理念与要求，有效渗透传统文化教育内涵，使得学生在小学语文知识学习当中能够更好地感知我国优秀历史文化的魅力，从而有效提升学生的民族自信心，同时也有助于教师更好地开展进一步的教育工作计划。"[①]

（一）语文教育中传统文化的意义

传统文化作为一个民族的宝贵精神财富，承载着其深厚的文化底蕴和独特的历史积淀。在语文教育这一综合性学科中，传统文化的价值与意义不可忽视。语文教育不仅是关于语言文字基础知识的传授，还涉及文学、历史、哲学等多个领域的学科。因此，传统文化为语文教育提供了丰富的教学素材和生动的案例，有助于学生深入理解语言文字所蕴含的深刻文化内涵。

通过学习传统文化，学生得以从多个角度去感知语言的丰富内涵。传统文化中蕴含的智慧、思想和价值观念是语文教育的重要组成部分。例如，古诗词中的意境描写、对联中的言简意赅，都是语言表达的精妙之处，能够启发学生对语言的感悟与领悟。同时，通过学习古代文学作品，学生能够体会到历史的厚重感和文化的传承性，进而形成对文学艺术的鉴赏能力。此外，通过了解传统文化中的历史事件和人物，学生能够拓展对历史的认知，增进对国家传统和文化自信心的建构。

传统文化教育在语文课程中的渗透，不仅有助于提升学生的语文素养，更重要的是能够培养学生的文化自信心和国家认同感。在当今社会，面对文化多样性和全球化的挑战，传统文化的传承与弘扬显得尤为重要。通过传统文化教育，学生能够深入了解民族文化的独特魅力，增强对本民族传统的自豪感和认同感，这样的教育不仅有利于学生个人的成长，还有助于整个民族的文化自觉和自信心的建立，为构建文化自信的中国梦奠定坚实的基础。

总而言之，传统文化作为语文教育的重要组成部分，为学生提供了丰富的

---

① 刘丽. 小学语文渗透传统文化的策略探讨[J]. 试题与研究, 2023（33）：88.

学习资源和深刻的思想启迪。通过深入学习传统文化，学生不仅能够提高语文水平，还能够增强文化自信心，培养国家认同感，为建设一个具有文化自信的民族作出贡献。因此，在语文教育中应充分发挥传统文化的教育价值，推动传统文化与语文教育的有机结合，促进学生全面发展和民族精神的传承与弘扬。

（二）语文教育中传统文化的传承

1.经典文学作品的传承

中国古代经典文学作品，如《论语》《诗经》等，被视为中国文化的珍贵遗产，承载着丰富的历史与文化内涵，这些文学经典不仅仅是文学史上的瑰宝，更是中国人民智慧和情感的结晶。在语文教育中，这些经典文学作品被广泛引入教学，成为学生学习的重要内容，其传承与学习具有深远而重要的意义。

（1）通过学习经典文学作品，学生得以领略中国古代文化的博大精深，这些作品蕴含着丰富的历史背景、道德观念和文化传统，反映了古代社会的风貌和人们的生活状态。例如，《论语》中的孔子思想、《诗经》中的古代社会风情等，都是中国文化的重要组成部分，通过对这些作品的学习，学生能够深入了解和感受到中国古代文化的魅力。

（2）经典文学作品的学习有助于激发学生的文学情感与审美情趣。在诵读、理解和赏析经典文学作品的过程中，学生不仅能够领略到其中蕴含的情感和意境，还能够体会到语言艺术的魅力与美感。例如，《诗经》中的抒情之美、诗词中的意境构建，都能够触动学生心灵深处的共鸣，激发其对文学的热爱与追求。

（3）经典文学作品的传承与学习对于培养学生的人文精神和社会责任感也具有重要意义，这些作品所传递的思想与价值观，弘扬着中华民族的传统美德与人文精神，教育学生珍视传统、崇尚美好、尊重他人。例如，《论语》中的仁义道德、《诗经》中的爱国之情、诗词中的感怀人生，都对学生的思想道德素养和社会责任感的培养起了积极的引导作用。

总而言之，经典文学作品的传承与学习是中国语文教育中的重要内容，通过对这些作品的学习，学生能够领略到中国古代文化的博大精深，感受到古人的智慧和情感，同时能够激发学生的文学情感与审美情趣，培养其人文精神和社会责任感，具有不可替代的教育意义和价值。

2.语言文字文化的传承

中国汉字作为一种象形文字，具有丰富的文化内涵，不仅仅是一种文字符号，更是一种文化符号。汉字源远流长，承载着悠久的历史和深厚的文化底蕴。在语文教育中，学生不仅需要掌握汉字的基本笔画和读音，还需要深入了解汉字的发展历程和演变规律。

（1）汉字的发展历程可以追溯至古代的甲骨文和金文，这些古老的文字记录了古代人们的生活、社会和思想。随着历史的演进，汉字经历了篆书、隶书、楷书等不同阶段的演变，每个时期的书法风格都反映了当时社会文化的特点和审美观念。通过了解汉字的演变历史，学生可以感受到中国文化的博大精深，增强对传统文化的认同感和自豪感。

（2）汉字的演变规律体现了人类文明的发展脉络和智慧结晶。汉字的形成和发展不仅受到语言本身的影响，还受到社会、经济、政治等多种因素的影响。例如，古代的商朝文字就具有明显的商业特征，反映了当时商业活动的繁荣和社会经济结构的特点。汉字的形体结构和字形变化也反映了人们对事物的认知和表达方式的变化，呈现出一种文化的演进轨迹。因此，了解汉字的演变规律可以帮助学生更好地理解语言文字与社会文化的相互关系，拓宽他们的历史视野和文化视野。

（3）通过学习汉字的文化内涵，可以提高学生对汉字的识字能力和文字表达能力。汉字蕴含着丰富的文化意蕴，每个汉字都有其独特的故事和含义。了解汉字背后的文化内涵，可以帮助学生更加准确地理解词语和句子的意思，提高阅读理解能力和语言表达能力。同时，通过欣赏汉字的艺术美感和书法魅力，还可以培养学生的审美情趣和艺术修养，丰富他们的精神生活。

总而言之，学习汉字的发展历程和演变规律对于学生而言具有重要意义，这不仅有助于他们更好地理解汉字的文化内涵，提高对汉字的识字能力和文字表达能力，还可以拓宽他们的历史视野和文化视野，培养他们的审美情趣和艺术修养。因此，在语文教育中应该重视汉字教育，注重培养学生对汉字的文化情感和审美意识，使他们成为具有民族文化自信心和传统文化素养的终身受益者。

3.传统文化活动的传承

中国的传统文化包括传统节日、礼仪习俗、传统美食等多个方面，是中华民族文化的重要组成部分。在语文教育中，学校可以通过丰富多彩的活动和课程来传承和弘扬传统文化，让学生深入了解并亲身体验传统文化的魅力，从而增强他们对传统文化的认同感和情感共鸣。

（1）通过开展节日庆祝活动，学校可以让学生近距离接触和参与传统节日的庆祝活动，如春节、端午节、中秋节等。在这些活动中，学生不仅可以了解节日的由来和历史意义，还能亲身参与传统的庆祝方式，如舞龙舞狮、包粽子、赏月等，从而增进对传统节日文化的体验和理解。

（2）举办传统文化体验课程也是一种有效的方式。通过课堂教学和实地体验相结合的方式，学生可以更加深入地了解传统文化的内涵和精髓。例如，开设传统书法、绘画、剪纸等课程，让学生学习和体验传统艺术的魅力；组织传统音乐、舞蹈、戏曲等表演，让学生感受传统文化的魅力和韵味。

（3）通过传统美食的品尝和制作，也可以增强学生对传统文化的认同感。中国的传统美食源远流长，每道菜肴都有其独特的历史和文化背景。学校可以组织学生们一起制作传统美食，如饺子、汤圆、月饼等，让他们体验亲手制作并品尝传统美食的过程，体会传统文化的独特魅力。

（三）语文教育中传统文化的创新

1.运用多媒体技术

随着科技的不断进步和普及，多媒体技术已经成为教育领域中一种极具潜力的工具。特别是在语文教育中，多媒体技术的应用不仅能够为学生提供更为生动形象的学习体验，也有助于深入挖掘和传承传统文化。通过利用动画、视频等形式，将经典文学作品的故事情节展示给学生，从而可以在更加轻松愉悦的氛围中，让学生深入理解和感受传统文化的内涵。

在多媒体技术的支持下，传统文学作品可以以更为生动的形式呈现。通过动画技术，学生可以看到文字中所描绘的人物形象栩栩如生地呈现在屏幕上，场景跃然纸上，这种视觉化的表现形式能够更好地吸引学生的注意力，激发他们的学习兴趣。同时，结合视频技术，可以将文学作品的情节展现得更加具体、立体，让学生仿佛置身于故事中，亲身体验其中的情感起伏和人物命运，从而更加深入地理解和感受文学作品所传达的思想和情感。

此外，多媒体技术还可以为语文教育提供更为丰富的学习资源。传统文化的学习往往需要大量的阅读和理解，而多媒体技术则可以为学生提供丰富的视听资料，如音频朗读、视频讲解等，帮助学生更好地理解古文、古诗等经典文学作品。通过多媒体技术，学生不仅可以听到优美的诵读，还可以观看相关的解读和讲解视频，从而在听觉、视觉等多个方面进行全方位的学习和感知，提高学习效果。

总而言之，多媒体技术在语文教育中的应用为传统文化的传承和学习提供了全新的途径和可能性。通过生动形象的展示和丰富多样的学习资源，多媒体技术可以激发学生的学习兴趣，提高他们的学习效果，有助于培养他们对传统文化的热爱和理解能力，促进语文教育的深入发展。

2.设计项目化学习

随着教育理念的演进，项目化学习作为一种以学生为核心、注重实践和合作的教学模式逐渐崭露头角。在语文教育领域，借助项目化学习的方法，可以设计一系列以传统文化为主题的项目。这些项目涵盖了各种形式，如古诗词创作、传统故事演绎等，旨在通过实践操作和团队协作的方式，全面提升学生的语文素养和创造力。

（1）通过参与古诗词创作项目，学生不仅可以感受到古代诗人的情感表达方式，还能够培养自己的审美情趣和文字表达能力。在这个项目中，学生可以研究古诗词的格律、意境和修辞手法，然后根据自己的理解和感悟创作新的作品。通过这样的过程，他们不仅能够加深对古代文学的理解，还能够提升自己的创作水平，培养出独特的文学审美。

（2）通过演绎传统故事项目，学生能够深入了解中国传统文化的内涵和精神。在这个项目中，学生可以选择不同的传统故事进行解读和演绎，通过表演、绘画、手工制作等多种形式将故事情节生动地展现出来。在团队合作的过程中，他们需要相互协作、分工合作，培养出良好的沟通能力和团队意识。同时，通过对传统故事的深入探讨，学生也能够领悟到其中蕴含的道德观念和人生哲理，对自己的成长和人生态度产生积极的影响。

总而言之，项目化学习为语文教育带来了全新的教学模式和方法。通过以学生为中心、注重实践和合作的方式，可以更好地激发学生的学习兴趣和主动性，提高他们的语文素养和创造力。在未来的语文教育中，可以进一步探索和推广项目化学习的理念和实践，为学生提供更加丰富、多样的学习体验，助力他们全面发展。

3.探索跨学科整合

传统文化作为一个广泛而深刻的领域，涵盖了文学、历史、哲学、艺术等多个学科，其价值在于提供了丰富的思想资源和文化积淀。然而，传统的语文教育通常是以语言文字为核心，而缺乏对其他学科的整合，这在当代教育中显得有些单一和局限。为了更好地发挥传统文化在教育中的作用，可以探索跨学科整合的教学模式，将传统文化与其他学科内容相结合，以促进学生的全面发展和综合素养的提升。

跨学科整合教学模式的提出，旨在打破学科之间的界限，将不同学科之间的知识和理念进行有机结合，从而实现知识的互通和融合。例如，通过文学作品来了解历史背景，可以让学生在阅读文学作品的过程中了解特定历史时期的社会风貌、人文精神以及当时的政治、经济状况，从而更深入地理解历史的发展脉络和社会变迁。同时，通过文学作品中的人物形象和情节，也能够让学生更为直观地感受到历史人物的思想、情感和生活状态，进而增强他们对历史的感知和认知。

将艺术与传统文化相结合是一种有效的跨学科整合教学的方式。艺术作为表达人类情感和思想的重要形式，与传统文化之间存在着密切的联系。通过绘画、音乐、舞蹈等艺术形式的赏析与传统文化的学习相结合，可以帮助学生更加深入地理解传统文化所蕴含的丰富内涵和精神意蕴。例如，通过赏析传统绘画作品，学生不仅可以欣赏到艺术家对传统文化的表达方式和艺术手法，还能够从中感受到传统文化所传承的价值观念和审美情感，从而提升他们对传统文化的理解和欣赏能力。

跨学科整合的教学模式不仅可以丰富教学内容，提升教学效果，还能够培养学生的综合素养和跨学科思维能力。通过将传统文化与其他学科内容相结合，不仅可以打破学科之间的壁垒，促进知识的交叉融合，培养学生的综合运用能力和创新思维，还能使其在学习和生活中更具有综合应用能力和创造力。因此，跨学科整合的教学模式对于推动传统文化教育的发展和提升学生综合素养具有重要意义。

总而言之，传统文化是中华民族的宝贵财富，语文教育是传承和弘扬传统文化的重要途径。在现代社会，传统文化与语文教育的结合需要不断创新，以适应时代的发展和学生的需求。只有不断探索和实践，才能使传统文化在语文教育中焕发新的活力，为学生的成长和发展提供更加丰富的营养和资源。

第四节 语文教育的姓氏文化与属对文化

一、语文教育的姓氏文化

姓氏文化作为中华传统文化的重要组成部分，在小学语文教育中扮演着重要角色。在小学语文教育中，如何将姓氏文化融入教学实践，发挥其教育功能，成为当前亟待探讨的问题。小学语文教育的姓氏文化主要包括以下几方面：

（一）姓氏文化的历史渊源

姓氏文化作为一种以姓氏为核心的文化形态，包含了姓氏的渊源、族谱传承、家族传统以及姓氏文化所象征的符号等多方面内容。在中国传统文化中，姓氏文化扮演着不可或缺的角色，反映了中国人对于家族、传承以及血脉相传的高度重视。起初，姓氏的来源可以追溯至古代社会的氏族制度。在古代中国，人们以氏族为单位，而氏族内部则以姓氏为标志，通过姓氏的血缘关系来确认家族的归属和传承。随着社会的演进和变迁，姓氏逐渐演化成为家族的象征和身份的标志，形成了丰富多彩的姓氏文化。

在中国传统文化中，姓氏文化占据着举足轻重的地位。在传统社会中，姓氏被视为人们社会地位和家族荣誉的象征，承载着丰富的家族传统和文化价值。同时，姓氏还被赋予了祭祖、拜堂等传统仪式中的重要角色，体现了中国人对于家族传承的尊重和礼仪之意。

在姓氏文化的构建过程中，族谱是不可或缺的环节。族谱记录了家族的血脉传承、重要事件以及家族成员的世代传承，是姓氏文化的重要组成部分之一。通过族谱，人们可以追溯祖先的来历，了解家族的兴衰荣辱，加深对家族传统的认知和传承。

此外，姓氏文化还体现在日常生活的各个方面。例如，人们常常以姓氏为称谓来彰显家族身份和尊严，姓氏也常常被用于命名家族企业、地名或者其他重要事物，成为一种独特的文化符号。在婚姻、祭祀、丧葬等重要仪式中，姓氏也扮演着重要角色，彰显了家族传统和血脉相传的重要性。

总而言之，姓氏文化是中国传统文化中不可或缺的重要组成部分，它承载着丰富的历史、文化和情感内涵，既反映了中国人对于家族和传承的高度重视，也是中华文化的独特符号。

（二）姓氏文化的教育传承与创新

1.姓氏文化教育传承的要素

小学语文教育扮演着培养学生语文素养和文化传承的重要使命。在这一阶段，学生的认知和理解能力处于发展的关键时期，因此，传承家族文化的内涵在教育中具有特殊的意义。通过传承姓氏文化，有助于学生深入领会中国传统文化的精髓，进而增强他们的文化自信心，从而更好地走向未来。

教师在语文教育中，可以采用多种方式来传承姓氏文化的内涵。例如，可以通过讲解姓氏的起源、历史渊源以及与中国传统文化的关联等方式，引导学生深入了解姓氏文化的丰富内涵。通过这样的教学方式，不仅能够拓展学生的知识面，还能够激发他们对姓氏文化的浓厚兴趣和认同感。在这个过程中，学生将逐渐意识到自己所承载的家族文化的价值和意义，从而更加珍视和传承这一文化遗产。

此外，教师还可以引导学生通过家访、家谱等形式，深入了解自己的姓氏文化，从而进一步增强学生对姓氏文化的认同感和归属感。通过亲身体验和感受，学生能够更加直观地领会姓氏文化的独特魅力，从而深刻体会到自身作为文化传承者的责任与使命。

总而言之，通过在小学语文教育中传承姓氏文化的内涵，不仅能够丰富学生的文化底蕴，还能够激发他们对传统文化的浓厚兴趣，进而增强其文化自信心，这对于塑造学生健全的人格和促进社会和谐稳定具有积极的意义。

2.姓氏文化教育创新的内容

在小学语文教育领域，姓氏文化教育创新的内容不仅可以为教学提供新的资源，还能够激发学生的学习兴趣与参与度。教师在设计课程时，可以积极选取与学生姓氏相关的历史故事、家族传统、姓氏文化符号等作为教学素材，从而引导学生深入了解和探索自身姓氏的文化内涵，这种教学方法不仅仅是在传授语文知识，更是在引导学生去关注和思考自己的身份认同以及文化传承的重要性。

（1）通过姓氏文化的教学内容，学生可以感受到自己所属家族的历史渊源。教师可以通过介绍姓氏的起源、家族的发展历程等方式，让学生了解到自己姓氏的历史渊源及其在历史中的地位和作用，不仅有助于增强学生对家族的归属感，还可以激发他们对历史的兴趣，培养他们对传统文化的尊重和热爱。

（2）姓氏文化教育可以促进学生对文化传承的思考和理解。通过深入了解姓氏文化，学生可以从中感受到文化传承的重要性以及自己在其中承担的责任。他们会意识到作为家族的一分子，应该怀着敬畏之心对待家族传统，并且为了传承和发扬这些传统而努力学习和奋斗，这种文化自觉的培养对于学生的成长具有重要的指导意义，有助于他们树立正确的人生观和价值观。

（3）姓氏文化教育可以培养学生的创新意识和综合素养。在学习姓氏文化的过程中，鼓励学生去主动探索、积极思考。教师可以设计一些开放性的问题或者任务，让学生运用所学知识去分析、解决问题，培养其创新能力和综合素养。

总而言之，姓氏文化教育作为小学语文教育的创新内容，不仅可以为教学注入新的活力，还能够促进学生的全面发展。通过深入了解和探索姓氏文化，学生可以增强对家族的认同感，增强文化自觉意识，培养创新能力和综合素养，从而实现教育的多重目标。

3.姓氏文化教育传承与创新的方法

（1）在教学方法方面，可以引入创新的姓氏文化教育方法，以提升教学效果。举例而言，教师可以采用小组讨论、课堂展示等形式，鼓励学生积极参与姓氏文化的学习，从而激发他们学习的主动性和参与度。这种方法有助于使学生更加深入地了解姓氏文化，并在交流和合作中促进彼此之间的学习。此外，教师还可以结合实地考察、实践活动等方式，扩展学生对姓氏文化的认知和体验，从而促进他们在多个方面的全面发展。

（2）通过小组讨论，学生可以在团队中分享彼此对姓氏文化的理解和认识，从不同的角度思考问题，并学会倾听和尊重他人的观点。而在课堂展示中，学生则有机会通过将自己的研究成果展示给整个班级，来提高他们的表达能力和自信心。这些活动不仅仅是知识的传递，更是学生思维能力和沟通能力的培养。

（3）通过实地考察和实践活动，学生可以亲身感受姓氏文化的魅力，加深对历史和传统的理解。例如，可以组织学生参观博物馆、家谱馆等地，了解姓氏文化的起源和发展历程；也可以组织学生进行家访、庙会等实践活动，感受姓氏文化在日常生活中的影响和传承。这些实践活动不仅能够增强学生的亲身体验，还能够培养他们的观察力、分析能力和实践能力。

（4）构建姓氏文化的校园氛围。在小学校园文化建设方面，引入姓氏文化成为一种重要的探索方向。通过注重培育姓氏文化，学校得以营造出更为浓厚的文化氛围，使学生与教职员工在校园中感受到文化的渗透与共鸣。为此，学校可以积极组织一系列姓氏文化活动，如讲座、展览等，旨在邀请专家学者和家长代表来校交流，分享有关姓氏文化的历史、传承与演变。这样的活动不仅有助于加深师生对姓氏文化的认识，还能够促进校园内外的交流与合作，拓展学校与社会之间的联系面，进而推动姓氏文化在校园中的传播与弘扬。

在姓氏文化的传播过程中，学校可以借助多种渠道与手段，以确保信息的广泛传播和学生参与的深度。除了传统的讲座和展览，还可以通过校园媒体、社交平台等多样化的方式进行宣传，将姓氏文化的精髓传递给更多的师生。同时，学校还可以鼓励学生积极参与到姓氏文化的研究与传承中，组织相关的学术研讨会或文化沙龙，为学生提供展示自我、交流思想的平台，从而培养他们对姓氏文化的认同感和自豪感。

此外，学校还可以通过开设相关课程或设置专题活动，深入挖掘和传承姓氏文化的内涵。通过课堂教学，学生可以系统地了解姓氏文化的渊源和特点，培养对文化传统的尊重和热爱。而专题活动则可以围绕特定的姓氏或文化主题展开，引导学生深入思考和探索，从而丰富校园文化建设的内涵和层次。

（三）姓氏文化教育的优化

在教育领域，对于姓氏文化的教育逐渐成为一项重要任务。为了更好地实现这一目标，需要做到以下几方面：

第一，完善教学内容。教师可以结合学生的实际情况，设计丰富多彩的姓氏文化教育内容，这包括但不限于通过故事、音乐、绘画等方式向学生介绍他们的姓氏文化。注重培养学生的文化认同感和传统文化素养，不仅可以增强学生对自身文化的认同，还可以促进他们对传统文化的理解和尊重。

第二，创新教学方法。教师应当不断探索多种姓氏文化教育方法，灵活运用教学手段，以提高教学效果和激发学生的学习兴趣。例如，可以采用小组讨论、角色扮演、实地考察等方式，让学生亲身体验和感受姓氏文化的魅力，从而更好地吸引学生的注意力，促进他们的学习和成长。

第三，强化师资培训。对语文教师进行姓氏文化教育培训，可以提高他们的专业水平和教学能力，从而更好地为姓氏文化教育提供有力支持。培训内容可以包括姓氏文化的历史渊源、文化特点、教育方法等方面，以帮助教师更好地理解和把握姓氏文化教育的核心要义，提升他们的教学水平和能力。

第四，建设校园文化。学校可以积极打造姓氏文化校园氛围，丰富校园文化活动，营造浓厚的文化氛围，从而促进姓氏文化在学校中的传承与发展。这包括但不限于举办姓氏文化主题活动、建立姓氏文化角落、开展姓氏文化传统节日庆祝等，为学生提供更多接触和了解姓氏文化的机会，从而更好地推动姓氏文化在学校中的传承和发展。

总而言之，小学语文教育中的姓氏文化是中国传统文化的重要组成部分，对于培养学生的文化认同感和传统文化素养具有重要意义。通过传承与创新，可以有效促进姓氏文化在小学语文教育中的传承与发展，从而为学生的全面发展和中华传统文化的传承与发展作出积极贡献。

二、语文教育的属对文化

中华文化博大精深，源远流长，是人类文明的瑰宝之一。作为文化的一种独特表达形式，它不仅展示了汉语的韵律美，还呈现了古代文人墨客的智慧和才华。属对，又称为对仗或对偶，是一种独特的修辞手法，在汉语中发挥着重要作用。通过字词的对称、意义的呼应以及音韵的和谐，属对构成了一幅幅精美的语言画面，为中华文化增添了独特的魅力。在小学语文教育中，属对文化的传承和教学不仅有助于提升学生的语言技能，更重要的是培养了他们的审美情趣和文化素养。通过学习属对，学生能够更好地感受到汉语言文字的美妙之处，提升对语言的敏感性和表达能力。深入理解属对的内涵和技巧，也有助于学生培养逻辑思维能力和创造性思维能力。在教学实践中，教师可以通过课堂讲解、诗词赏析、作文创作等方式，引导学生积极参与，感受属对文化的魅力，并在实践中不断提升自己的语言表达水平和审美能力。

属对文化的传承是对中国传统文化的传承和发展的重要方面。在当今社会，随着文化交流的日益频繁，属对这一独特的文化现象也在世界范围内引起了广泛关注。通过深入挖掘和传承属对文化，不仅有助于弘扬中华优秀传统文化，还能够丰富世界文化的多样性，促进文化交流与互鉴。因此，加强属对文化的传承与教学，不仅是对中华文化的继承和弘扬，也是推动文化交流与互鉴的重要举措之一。

（一）属对文化的历史传承

属对文化是一种源远流长的文学技巧，其渊源可以追溯到先秦时期的经典文献《诗经》和《楚辞》。在这些古老的文学作品中，诗人们巧妙地运用属对技巧，使得诗句更加和谐、优美。随着历史的演进，属对文化在唐宋时期达到了巅峰，唐诗宋词中的对仗工整、音韵和谐，成为后世文人学习的典范。在这个时期，诗人们不仅注重语言的艺术表达，还对属对的运用进行了深入的探索和研究，使得诗歌在形式和意境上都达到了较高的境界。到了明清时期，属对文化更是广泛应用于各类文学作品中，如小说、戏曲等。小说中的对仗句句工整，不仅增加了作品的艺术感染力，还使得情节更加生动、形象更加鲜明。在戏曲方面，属对文化更是成为表演的一种技巧，演员们在表演过程中通过对仗的运用，使得角色形象更加饱满、台词更加动听。

属对文化的广泛应用不仅丰富了中国古代文学的形式，也提升了文学作品的审美价值。通过属对技巧，诗歌、小说、戏曲等文学形式得以传承和发展，为后世文学创作提供了宝贵的经验和启示。因此，属对文化在中国文学史上具有重要的地位和作用，它不仅是古代文学艺术的精髓，也是中华文化传统的重要组成部分。

（二）属对文化的主要特征

1.字词的对称性

字词的对称性是指在文学创作中，通过字词在结构和意义上的对称性，达到一种美学效果。例如，在古典诗歌中常见的对仗结构，如"天高云淡，望断南飞雁"，其中的"天高"与"云淡"形成了字词上的对称。这种对称性不仅仅是在形式上的对称，更重要的是在意义上的对称，即天高与云淡的搭配，描绘了一种开阔、清朗的景象，增强了整体诗句的美感。

2.意义的呼应性

意义的呼应性是在对仗的基础上，要求字词之间在意义上相互呼应，形成一种意象的对比或补充。例如，"绿蚁新醅酒，红泥小火炉"中的"绿蚁"与"红泥"，不仅在形式上呼应，更重要的是它们所代表的意象相互呼应，绿蚁与红泥都是生活中常见的色彩，它们通过对比，增强了整体意境的鲜明性和生动性。

3.音韵的和谐性

音韵的和谐性是指在诗歌创作中，注重诗句的音韵效果，通过平仄的交替、押韵的工整等手法，使得诗歌在朗读时更加悦耳动听。例如，在古典诗歌中常见的平仄对仗，通过平声、仄声的交替，使得诗句在语音上更加和谐流畅。而押韵的使用则增强了诗歌的韵律感，使得整体节奏更加明快，读起来更具有韵味和感染力。

总而言之，字词的对称性、意义的呼应性和音韵的和谐性是古典文学中重要的审美标准，它们相互交织、相互作用，共同构成了优美诗篇的重要组成部分。在文学创作中，作者需要不断地追求和探索这些美学原则，以创作出更加优秀、具有审美价值的文学作品。

（三）属对文化的教育价值

第一，通过学习属对文化，学生能够积累更为丰富的词汇和句式，从而提升他们的语言表达能力和写作水平。通过接触属对文化中的各种经典作品，如古诗词、传统故事等，学生可以拓展自己的词汇量，同时学习到不同的句式结构，使其在表达思想时更加得心应手。例如，通过学习古诗词，他们可以领略到古人的文学造诣，学习到古代汉语的优美表达方式，从而丰富自己的表达技巧，提高写作的水平。

第二，属对文化中的精美诗句和优美意境有助于培养学生的审美情趣和审美能力。通过欣赏属对文化中的优美作品，如山水画、古诗词等，学生可以感受到其中蕴含的美学意境，培养自己的审美情感。他们会逐渐学会欣赏美的能力，并在日常生活中从中汲取美的养分，使自己的生活更加丰富多彩。同时，通过学习和欣赏属对文化，学生也能够培养自己创造美的能力，从而在日常生活中创造出更多美的事物。

第三，属对文化作为中华文化的重要组成部分，通过小学语文教育的传承和教授，有助于培养小学生的文化自信和民族自豪感。通过学习属对文化，小学生可以深入了解中华传统文化的博大精深，感受到自己作为中华民族的一员的自豪和自信，这不仅有助于增强学生对自己文化的认同感，还能够促进他们对中华文化的传承和发展，为中华民族的繁荣和发展做出贡献。

因此，通过学习和传承属对文化，学生不仅可以提升语言表达能力和写作能力，培养审美情趣，还可以传承中华文化，培养文化自信和民族自豪感，从而更好地适应社会发展的需要，为中华民族的复兴贡献自己的力量。

（四）属对文化的教育方法

第一，在小学语文教学中，教师可以运用多种方法，如讲解示范和分析例句等，来帮助学生深入了解和掌握属对文化的基本知识和技巧。通过详细解释属对的特点和规律，教师可以引导学生逐步理解其内涵，从而提高他们的语文素养和文化修养。

第二，在实践活动方面，教师可以组织学生进行属对创作实践，例如创作对联、对诗等。通过实际动手操作，学生能够亲身体验属对艺术的魅力，并在实践中不断提升他们的创作技能和审美能力，这种亲身参与的方式有助于激发学生的创造力和想象力，使他们对属对文化有更加深入的认识和理解。

第三，教师可以在课外阅读方面发挥作用，推荐一些适合小学生阅读的属对文化经典作品，如《声律启蒙》《笠翁对韵》等。通过阅读这些经典著作，学生可以感受到属对文化的博大精深，领略其中蕴含的智慧和美学价值。这种通过阅读拓宽视野的方式不仅能够丰富学生的文化知识，还能够培养他们的文学鉴赏能力和思维品质。

第四，通过创新教学方式和方法来应对挑战，包括利用现代多媒体技术、网络资源等工具，以更生动、直观的方式呈现属对文化的魅力，从而激发学生的学习兴趣和主动性。与此同时，要加强与其他学科的融合和交叉。例如，将属对文化与历史、美术等学科相结合，形成跨学科的教学模式，使学生能够更全面地理解和欣赏属对文化，并在不同学科的交叉点上拓展他们的知识面。此外，还要注重培养学生的实践能力和创新精神。通过鼓励学生积极参与属对创作和表演等活动，让他们在实践中亲身体验属对文化的魅力，并逐步提升相关技能，使学生不仅能够理论上了解属对文化，更能够通过实践掌握相关技能，为未来的发展奠定坚实的基础。

总而言之，通过课堂教学、实践活动和课外阅读等多种形式的教学手段，可以帮助学生全面了解和掌握属对文化，从而提高他们的语文素养和人文修养。教师在教学过程中的引导和激发作用至关重要，应该注重激发学生的兴趣和潜能，促进他们在属对文化领域的全面发展。

（五）属对文化的现代应用

在当代社会，属对文化依然扮演着重要的角色，并且具有广泛的应用价值，其价值不仅体现在各种文学作品中，展现出精妙的对仗和押韵，还在广告、宣传等领域频繁运用，以吸引人们的关注和注意。此外，属对文化的运用也在社交场合中展示了个人的文化素养和审美情趣。

第一，属对文化在文学作品中的运用是其应用价值的重要体现。通过对仗和押韵的巧妙运用，作品不仅增添了韵味和美感，还能够引发读者的情感共鸣和思考。例如，在诗歌中，作者常常通过属对来增强诗歌的节奏感和音韵美，从而使作品更具感染力和艺术性。在小说、散文等文学形式中，属对也常常被用来丰富语言表达，提升作品的文学价值和艺术品位。

第二，属对文化在广告、宣传等领域的运用是其应用价值的体现。在竞争激烈的市场环境中，吸引消费者的注意力至关重要。通过巧妙地运用属对文化，广告宣传可以更加生动、吸引人，从而提升产品或服务的知名度和美誉度。属对文化的运用不仅可以使广告语言更具吸引力和记忆性，还能够创造出独特的品牌形象，进而塑造消费者的消费观念和购买欲望。

第三，属对文化在社交场合中的运用具有重要意义。在交流与互动中，运用属对文化可以展现出个人的文化修养和审美情趣，提升沟通的艺术性和趣味性。例如，人们在交谈中运用属对文化，不仅可以增添谈话的趣味和乐趣，还能够展现出自己的语言功底和文学修养，从而吸引他人的注意和赞赏。

总而言之，属对文化在现代社会中具有广泛的应用价值，不仅在文学作品中体现出其艺术魅力，还在广告、宣传等领域发挥着重要作用，同时在社交场合中展示了个人的文化素养和审美情趣。因此，深入理解和熟练运用属对文化，对于提升个人的语言表达能力和文化修养水平具有重要意义。

第三章　高质量发展视域下的语文课堂教学

高质量发展视域下的小学语文课堂教学注重素质教育，培养学生全面发展所需的语文素养和综合素养，要实现个性化、全面发展的教学目标，教师需要具备多样化的教学技能。鉴于此，本章主要研究语文课堂导入技能与推进技能、语文课堂讲授技能与范读技能、语文课堂板书技能与提问技能、语文课堂讨论技能与总结技能、高质量发展视域下的语文课堂建设。

第一节　语文课堂导入技能与推进技能

一、语文课堂导入技能

语文课堂的导入环节是教学中至关重要的环节，它直接影响着学生对知识的接受程度和学习兴趣的激发。因此，如何设计出引人入胜的导入环节，成为每一位语文教师需要认真思考和研究的问题。

（一）语文课堂导入技巧的分类

在小学语文课堂中，导入技巧主要可以分为以下几方面：

第一，游戏化导入是一种通过设计富有趣味性和互动性的游戏来引导学生参与学习的方法，这种方法能够调动学生的学习积极性，使他们在轻松愉快的氛围中感受到学习的乐趣。例如，可以设计各种语言游戏，如字谜、词语接龙等，让学生在游戏中潜移默化地掌握语言知识，提高语言运用能力。

第二，问题导入是通过提出引人深思的问题来引发学生的思考，激发他们的求知欲，这种方法可以将问题与学生日常生活或课程内容紧密结合，使学生能够更加主动地思考和探索。通过这种方式，不仅可以激发学生的学习兴趣，还能够培养他们的批判性思维能力和解决问题的能力。

第三，故事导入是利用故事、小故事或寓言等形式来吸引学生的注意力，激发他们的想象力和联想能力。通过讲述一个生动有趣的故事或展示一幅富有想象力的图片，可以使学生产生共鸣，从而更好地进入学习状态。这种方法能够使学习内容更加具体化和生动化，增加学生的情感投入和学习动力。

第四，视觉导入是利用图片、视频等视觉资料来引起学生的好奇心和兴趣，从而增强他们的学习欲望。通过展示与课程内容相关的图片或视频，可以帮助学生更直观地理解和感受学习内容，激发他们的学习兴趣。这种方法尤其适用于视觉型学习者，能够有效地促进他们的学习效果。

第五，音频导入是利用音频资料来激发学生的情感共鸣，增强他们的学习体验。通过播放与课程内容相关的音频，可以让学生感受到语言的美妙，从而更加容易产生学习兴趣。这种方法能够有效地刺激学生的听觉感知，提高他们的学习效果。

总而言之，游戏化导入、问题导入、故事导入、视觉导入和音频导入等多种教学导入方法在教学实践中都具有重要的作用。教师可以根据不同的教学内容和学生特点灵活运用这些方法，以达到激发学生学习兴趣、提高教学效果的目的。

（二）语文课堂导入技巧的策略

第一，教师需要考虑学生的年龄特点和课程内容，以确保选用合适的导入方式。不同年龄段的学生具有不同的认知特点和学习兴趣，因此，教师应该根据这些特点来选择适合的导入方式，以提高课堂教学的效果。

第二，教师应该灵活运用多种导入手段，如游戏化导入、故事导入、问题导入、视觉导入、音频导入等。这些不同的导入手段各具特色，可以根据具体情况进行选择和组合，以丰富课堂导入情境，从而提高学生的学习兴趣和学习效果。例如，对于年幼的学生，可以运用游戏化导入的方式，通过游戏的形式吸引他们的注意力，激发他们的学习兴趣；而对于较大年龄段的学生，则可以采用更具挑战性的问题导入，引发他们思考和探索的欲望。

第三，教师在导入环节中应该注重情感因素的引入。通过故事情节、图片、音频等形式激发学生的情感共鸣，增强他们的学习体验，从而提高学习效果。情感因素的引入可以使学生更加投入学习中，更加积极地参与课堂活动，从而更好地理解和掌握所学内容。

第四，导入环节应该与课程内容紧密衔接，具有代表性和启发性。导入内容应该能够引起学生对课程内容的兴趣和好奇心，为后续学习奠定良好的基础。例如，在教授数学课程时，可以通过一个具有挑战性的问题导入，引发学生对数学问题的思考，从而激发他们对数学的兴趣，并为后续学习奠定坚实的基础。

总而言之，小学语文课堂导入技巧的选择和运用直接影响着课堂教学效果和学生学习效果。通过合理巧妙地运用各种导入技巧，可以激发学生的学习兴趣，提高学生的学习积极性和参与度，从而达到促进学生全面发展的教育目标。因此，教师应该不断探索和总结经验，不断完善自己的教学技能，提高课堂教学质量，为学生的成长成才做出积极贡献。

二、语文课堂推进技能

（一）语文课堂推进技能的特征

推进是指推动工作，使之前进，它形容对事物的运动状态施加影响，使其继续朝一定的方向运动（向前运动）。课堂推进就是把教学活动当作一个有机整体，在从课堂开始到课堂结束的过程中，以有效的方法和方式，促进各个教学环节顺畅、紧凑，生成张弛有度且富于节奏美的教学行为。小学语文课堂教学活动的推进，是以文本逻辑为基础，依据教学逻辑规律进行课堂设计，整合并优化各个教学环节，使之形成环环相扣、相互促进、富有教学节奏美的教学实践。

小学语文课堂推进技能的特征可以被概括为多方面的要素，这些要素有助于有效地促进学生的语文学习。首先，课堂推进技能需要教师具备良好的教学设计能力，这包括对教学内容的深入理解和合理的教学安排，以确保课堂教学的连贯性和系统性；其次，教师需要具备灵活的教学方法，能够根据学生的特点和学习需求进行差异化教学，从而激发学生的学习兴趣和提高学习效果；再次，课堂推进技能还需要教师具备良好的教学组织能力，包括课堂管理和时间控制等方面的技能，以确保课堂秩序井然和教学进度的合理安排；最后，教师还应该具备良好的沟通能力和情感管理能力，能够与学生建立良好的师生关系，促进教学互动和学生情感投入，从而更好地实现课堂推进的目标。因此，小学语文课堂推进技能的特征包括教学设计能力、教学方法灵活性、教学组织能力、沟通能力和情感管理能力等多个方面，这些要素相互作用、相辅相成，共同促进着学生语文学习的发展。

（二）语文课堂推进技能的实践

1.妥善安排课时，落实教材要求

小学语文教材通常包含5种课型：独立识字课、拼音课、阅读课（教读课与自读课）、口语交际课、语文园地综合课。尽管每个学校安排有所不同，但是完成的教学任务是一样的，这些课型的安排以教读课为主，一般安排2个课时；自读课以自学为主，一般安排1个课时。口语交际课一般情况下融入教读和自读课堂中，语文园地综合课也是如此。从小学二年级开始，教师会安排习作课，1~2个课时。在语文教材的教学中，教师可采取"1+N"的教学模式，课内学习与课外练习相互结合。因此，为有序推进课堂教学，应对各册教材特点与要求进行全面审视。

2.突出教学重点，解决教学难点

在教学目标实施过程中难免会出现重点和难点。重点是针对课文而言的，难点是针对学生而言的。如何在教学过程中做到轻重有别，既突出重点，又突破难点，还能合理地平分时间和力度，是教学设计中必须重视的问题。教师备课时要确定好重点。课文中的关键点和困难点各有侧重，同样，各个教学环节的重点与难点也各不相同。例如，生字的关键点和困难点，主要根据结构复杂、笔画易于出错混淆、读音容易犯错以及字义难以理解的内容来确定。阅读课文的重点和难点，主要依据单元训练和课后问题来确定。教读课和自读课的重点、难点也不一样，教读课需要精讲精练，由知识讲解到能力训练，由阅读学习到实际运用；自读课则将重点放在教师指导下的自习上，学生独立完成阅读和理解课文的要求。

3.教师主导与学生主体相互促进

学生是学习活动的主体，教师则是学生学习活动的组织者、参与者和促进者。课堂教学是教师与学生、学生与学生之间的一种多向的信息交流的动态发展过程，也是一种群体之间的情感交流活动过程。教学推进要处理好二者之间的关系，也要发挥好教师主导与学生主体的作用。首先，课前精心备课，在对课文的整体把握上找准情感基调，把握好重点，有的放矢。在阅读策略单元，通过围绕阅读说明文、讲解基本的说明方法，把一种事物介绍清楚来展开。因此，在阅读此类课文时需要有认真的态度、钻研的精神。其次，在课堂中，教师要学会精心设计课堂问题，启发学生思考，调动学生的主观能动性。课堂中设置的问题应由易到难、由浅入深，循序渐进；鼓励学生质疑，并发表独立的见解。最后，收放自如，尊重个体差异。教师要把学习的自主权交给学生，培养学生的自主性，在时间上引导学生自主学习，力求少讲多练，让学生多自学、多读书、多动脑、多动口、多动手。教师要学会放手让学生自主学习探究，诸如查字典、猜想、根据上下文理解句子含义、通过观察得出结论等，在关键的地方稍加点拨。在小组合作时，教师尽量让学生以个人或小组的形式针对问题进行自主探究。

4.注意环环相扣，确保衔接自然

小学语文教材的设计充分展现了阅读和分步习作的教学模式，这种教学体系的特点需要在课堂教学中得到有效的体现。为了提高教学效果，教师应该充分了解教材的特点，根据学生的实际情况有针对性地进行教学设计，发挥教材的优势。在推进课堂教学的过程中，教师需要深入研究教材的教学方法，合理安排教学设计的各个环节，确保教学内容之间相互衔接，步步深入，层层递进，这样的教学过程才能够有效地提升学生的学习效率，使他们在语文学习中获得更好的成效。

第二节　语文课堂讲授技能与范读技能

一、语文课堂讲授技能

讲授是语文课堂教学的重要手段之一，也是语文教学最基本的形式之一，在课堂教学中起着举足轻重的作用。教师要善于指导学生正确地理解课文的思想内容，体会课文所表达的思想感情；要指导学生理解语言文字是怎样表达思想感情的。教师的讲解能力对课堂教学氛围及教学成果具有直接影响，亦关系着其他教学环节的执行。

（一）语文课堂讲授技能的原则

第一，规范准确。语文教学主要就是语言教学。教师必须教授学生正确地理解和运用汉语言文字。因此，教师的课堂语言必须规范、清晰、准确、严谨。小学语文是一门基础学科，学生对语文知识掌握的程度，将影响其今后的学习和发展。教师在课堂讲授应确保内容准确无误，遵循语音、词汇、语法、书写等相关规范，避免知识性错误，以促使学生形成良好习惯。

第二，形象活泼。在讲授过程中，教师要对讲授内容进行加工，把抽象的理论形象化，绘声绘色地呈现课文内容。教师可以借助于表情、动作、实物、图像、多媒体等手段，对讲授内容进行形象化的描绘，这是为学生理解和接受的首要条件。在小学语文教学中，要想让课堂氛围活跃起来，根据学生的身心成长需要及课文内容的通俗解读，教师通常都要辅助以体态语言。例如，《狐假虎威》一文，为了能让学生很好地领会到小狐狸的狡诈、大老虎的无知，教师要能在讲解中配以惟妙惟肖的体态语言，活灵活现地展现小狐狸的狡诈和大老虎的见识短浅；教师应致力于提升自身知识文化素养，精练语言表达，以流畅、生动、优美的言辞引领学生步入优美意境，借自身语言之力引导学生陶醉于忘我境界。

第三，生动有趣。教师在讲授时感情要充沛，语言表达要清晰、简洁，富有表现力和感染力，感情还要有起有伏，要善于把抽象的概念具体化、深奥的道理形象化、枯燥的知识趣味化。例如，在讲授《欢乐的泼水节》一文时，教师可以首先借助多媒体给学生创设一种欢乐、祥和的气氛，其次用语言描绘美丽的西双版纳，再次说明有关泼水节的来历，最后可以介绍一些有趣的节日，如火把节、刀杆节、花山节、月亮节等，增强趣味性。

第四，准备充分，表达清晰，引导得当，反馈及时。小学语文教师在课前需要充分备课，熟悉教学内容，了解学生特点，制订合适的教学计划；具备清晰、准确、生动的语言表达能力，能够用简洁明了的语言解释复杂的概念，用富有感染力的语言引导学生进入文学作品的情境；善于引导学生思考，通过提问、讨论等方式激发学生的学习兴趣和探究欲望，培养学生的思维能力和创新精神；及时对学生的回答和表现给予反馈，肯定学生的进步和成绩，指出学生的不足和错误，引导学生进行自我反思和改进。

第五，简洁明了，条理清晰。简洁就是语言精练、简单，课堂讲授要条理清晰，富有层次。小学阶段的课文从低年级开始字数依次递增，篇幅不会很长，但精选的每篇课文都是按照一定的结构安排层次的。教师须对教材进行深入探究与分析，熟稔其编排特质，从而实施针对性的讲授与解析，以提升学生的阅读素养。在教学过程中，教师应力求语言简洁，以推动课堂进度。

第六，启发思维，寓教于乐。教师要把一定的思想、道德观念、感情传达给学生，引导学生积极思考和实践，提升学生的思维能力，其关键在于启发并鼓励学生质疑问难。教师要巧妙引导，帮助学生达到活跃思想、拓展思路、发展思维的目的。例如，寓言故事这类作品，教师在绘声绘色地讲解故事时要提示寓意。

《守株待兔》是启发学生要想获得成功，需要付出相应的努力；《揠苗助长》是要让学生明白违反事物的发展规律、急于求成，反而会导致失败。在课堂讲授愉快的氛围中，让学生增长见识、养成健全的人格。

第七，激发联想和想象，引导学生积极思考，丰富学生的思想感情。教材中有不少文情并茂的文学作品，如诗歌、童话、散文等，都充满诗情画意。教学目标就是引导学生结合自己的生活经验想象作品所提供的画面、形象和意境等，让具体的形象在脑中鲜活起来。优秀的文学作品包含着作家对生活的理解和评价，对真、善、美的颂扬，对假、恶、丑的批判，对于培育学生的审美情趣及提升创造美的潜能具有深远影响。

（二）语文课堂讲授技能的类型

1.陈述式讲授

陈述是指说话人客观全面地按一定的条理用语言清晰地表达自己的观点。在教学中，陈述是指教师用简洁的语言，向学生客观地叙述教学内容的一种讲授方式。在小学语文教学中，如讲述故事梗概、生活经验、背景知识、人物关系、学习方法等，可以运用这种方法，它可以有效地帮助学生丰富感性认识，引导学生了解学习内容和学习方法。因此，在小学语文课堂教学中，教师的陈述在导入、推进及总结等环节均发挥着关键作用。

2.描述式讲授

描述是指运用各种修辞手法对事物进行形象化的阐述。在课堂中，描述是指教师用比较生动、鲜明、形象的语言，具体地描摹人物、事件、景物及塑造情境的一种讲授方式。在小学语文教学中，塑造情境、刻画人物、描绘场景、揣摩细节、渲染气氛、表达情感时适合使用这种形式，它可以有效地激发学生的形象思维和审美感受，使学生具体、细微地感知学习内容。鉴于小学生的年龄特性，他们往往对富有生动色彩和描绘性强烈的语言充满浓厚的兴趣，从而激发他们无尽的想象力。

3.解释说明式讲授

解释是指在观察的基础上进行思考，合理地说明事物变化的原因、事物之间的联系，或是事物发展的规律。语文课堂中的解释说明式是教师用简洁严谨的语言解释说明某个事物的概念、现象、事理，或解释词语的含义，或阐释难以理解的问题的一种方式。在小学语文教学中，解释说明式多用于解释字词句的含义、题目的意思、课文中有争议的地方、学生陌生的知识（如典故）等。这种方法有助于学生准确把握课文主旨，强化与已有知识的关联，并紧密围绕课文主题进行探讨。在科学普及类课文中，此类方法的应用尤为广泛。

4.启发式讲授

启发是指阐明事例，引起对方联想而有所领悟。在课堂中，启发一般是指教师通过联系新旧知识，提示、启发学生观察、思考，使之主动学习的一种讲授方式。随着社会的进步，科学技术的传承、创新、发展，人们又赋予了这种讲授方式以新的内涵。语文课应该充分发挥师生双方在教学中的主动性和创造性，语文教学应在师生平等对话的过程中进行。教师对这种讲授方式运用得较为普遍，它常与设问相配合，对于教学中较为复杂或难以理解的内容、容易理解或知识面较窄的重点内容，通过调动学生的积极性，帮助他们找到思考的路径和解决问题的方法，使他们快速地掌握知识，培养他们解决问题的能力。鉴于低学段学生知识储备有限，单纯依靠阅读课文难以充分理解其内涵，教师可采取多元化教学手段，如运用图片、实物和实景等素材，以帮助学生深入领悟课文，激发思维活力。

5.概括式讲授

概括意为归纳、总括，是指把事物的共同特点归结在一起，并加以概述，使文章更清晰、简明，让学生在很短的时间内就可以知道文章的主要内容。在课堂中，概括是指教师对学生遇到的重点、难点及其存在认识分散、含糊混淆的情况，进行归纳、整理、总结的一种讲授方式。文章概述对于促进思维具有显著影响，是一种实用的思维方式。小学语文课的一项目标是让学生学会概括，包括书面和口语表达，教师需要对学生进行指导训练，方法有扩写、缩写、合并归纳、按课文叙述的顺序提出相应的问题再归纳、依据文体特点概括等。

（1）扩写。例如，将《草船借箭》的4个字题目扩展成一句话，即"诸葛亮利用草船向曹操'借'来了十万支箭"。

（2）缩写。抓住主干来简写，如将"大熊猫贪婪地吃着鲜嫩的竹叶"进行缩写，即"大熊猫吃竹叶"。

（3）按课文叙述的顺序提出相应的问题再归纳。例如，根据《鲁滨孙漂流记》一文，设计以下问题让学生阅读：课文讲的是谁的故事，鲁滨孙漂流的原因，他漂流了多少年，他是如何生存下来的。认真思考然后回答问题，并归纳出文章的主要内容，即鲁滨孙因乘船遭遇暴风失事，漂流到荒岛，一个人在荒无人烟的小岛上战胜了种种困难，生活了20多年。

（4）合并归纳。例如，《落花生》一文，第一段讲的是种花生和收花生，第二段讲的是一家人围坐在一起品尝花生、谈论花生。显然第二段是重点段，一家人一起品尝花生、谈论花生，并借父亲的话以花生喻人。以此为核心，联系文中其他内容，概括出全文的主要内容：作者一家人在后园过花生节，他们一边品尝花生，一边谈论花生的好处，父亲以花生作比喻，告诉人们要做务实、有用的人，不要做只讲体面而对别人没有好处的人。

（5）依据文体特点概括。例如，叙事散文和抒情散文的特点不同，叙事散文抓住人物、事件、环境三要素，抒情散文抓住情景关系。例如，《观潮》是一篇以写景为主的散文，描写了被人们称为"天下奇观"的浙江省杭州市的钱塘江大潮雄伟壮观的景象。课文先写了潮来前江面风平浪静，文章描绘了人们翘首以盼的壮观场景，潮水涌来时惊心动魄的景象，以及潮落后余波荡漾的美丽画面，展现了作者对自然和生活的炽热激情。

二、语文课堂范读技能

随着小学语文教学改革的深入，语文教学"以读为本"的观念已深入人心。让学生学会阅读、具有独立阅读的能力，为学生的终身学习打下基础，是阅读教学的首要目标。课程标准明确指出，各个年级的阅读教学都要重视朗读。要让学生充分地读，在读中整体感知，在读中有所感悟，在读中培养语感，在读中受到情感的熏陶。为了贯彻这一要求，各个课文的练习环节均着重于朗读与背诵。因此，衡量一个学生朗读水平的高低，在于其能否运用普通话准确、流畅且富有感情地朗读课文。范读是指教师对教学文本进行艺术化朗读，力求细腻地表达文本的思想和情感，并将其传达给学生，使学生在思想和情感上得到熏陶、感染与共鸣的教学行为。

（一）语文课堂范读技能的分类

第一，课文范读。在教学中，教师可以选择课文中的重点段落或精彩片段进行范读，引导学生模仿优秀的语音语调，提高朗读效果。范读是教学中一种常见且有效的教学手段，通过教师的示范，学生可以更好地理解课文的内涵和语言特点，从而提高他们的语音语调和朗读表现能力。教师应该灵活运用范读技巧，结合课文的内容和学生的实际情况，选择适合的段落进行范读，使学生在模仿中提升自己的语言表达能力。范读不仅可以帮助学生提高语音语调，还可以激发学生对课文的兴趣和理解。通过教师的生动演绎，学生可以更加直观地感受到课文中的情节和人物形象，从而增强对课文的记忆和理解。此外，范读还可以促进学生的情感投入，激发他们的学习动力，使学习过程更加积极和愉快。

第二，诗歌范读。范读在语文教学中有着重要的作用，特别是在诗歌范读方面。诗歌是语言艺术的精品，其韵律美和意境美常常能够触动人心。通过范读优秀的诗歌作品，教师可以帮助学生感受诗歌的韵律美和意境美，提高他们的朗诵水平。教师可以选择一些经典的诗歌作品进行范读，让学生在模仿中领略诗歌的魅力，培养他们的审美情趣和语感。

第三，散文范读。散文是一种散发着自由气息的文体，其语言通常比较自然流畅，富有感染力。通过范读优秀的散文作品，教师可以帮助学生理解文章的结构和语言特点，提高他们的阅读理解能力。教师可以选择一些富有情感色彩和生活气息的散文进行范读，让学生在阅读中感受文字的力量，提升他们的写作水平和表达能力。

第四，话剧范读。话剧是一种生动的语言艺术形式，其通过对话和情节展开，生动地展现了人物的性格和情感。通过范读话剧台词，教师可以帮助学生模仿不同人物的语音语调和情感表达，提高他们的表演水平。教师可以选择一些经典的话剧作品进行范读，让学生在模仿中感受戏剧的魅力，培养他们的表演技巧和情感表达能力。

（二）语文课堂范读技能的作用

范读是把无声的文字变成有声语言的一种阅读方法，也是用来表现情感、陶冶情操的一种艺术技巧。在语文教学过程中，教师的精确示范朗读，不仅有助于学生深化对课文的认识，体验和领会作者所传递的情感，也有助于提升学生的记忆能力、朗读技巧以及审美鉴赏水平。

1.展示教师的风采

成功的语文教育，依赖于教师丰富的学养内涵和深厚的文化功底。课程标准提出，教师是学习活动的组织者和引导者，这就要求教师不断提高自身文化素养，认真阅读课本，精心钻研教材，努力形成自己的教学特色。学生有很强的向师性，模仿能力极高，特别是中低年级的学生，对朗读的技巧掌握得还不够熟练。教师在课堂上的精湛示范朗读，不仅能够激发学生的朗读热情，还能使他们迅速在模仿过程中领悟到断句、停顿以及语气变化的技巧。

2.培养学生的语感

语文教学是语言运用的教学。教师在课堂上通过生动抑扬顿挫、富有情感的范读，以及准确的语音、流畅的语调、恰当的节奏、生动的表情和手势等方式，为学生树立了良好的语言表达榜样。在欣赏教师的表演过程中，学生不仅得到了语文技能的提升，还被教师的魅力所感染，从而激发了对语文学习的浓厚兴趣，这种教学方法不仅仅是单纯的语言技能传授，更是通过教师的示范和表现来激发学生内在的学习动力和情感认同，从而促进了语文教学的有效开展。

3.激发学生的情感

情感在语文教学中扮演着至关重要的角色，它被视为教学的灵魂，因为优秀的文学作品往往深深地融入了作者的真实情感与深刻感悟。在小学语文教学的过程中，重视情感的引导和培育显得尤为重要。教师应当以情传情，以自己真挚的情感感染学生，使他们能够深刻地理解和感受到文学作品所传达的情感内涵。同时，教师还需以情动情，善于调动学生的情感去体验作者及其作品的情感，通过自身的情感表达和体验，引导学生产生共鸣和情感共鸣。在这个过程中，教师可以通过先进入"角色"的方式，将作者所寄托的情感转化为自己的情感，然后以诗人般的热情范读出自己的美的感受，从而激发出学生内在的情感，这种情感的交流与表达不仅可以增强学生对文学作品的理解和欣赏，还能够促进学生情感的发展和内心世界的丰富。

（三）语文课堂范读技能的策略

第一，合理选材。教师在进行范读教学时应当充分考虑学生的年龄特点和语言水平，以确保所选材料的适宜性，这意味着教师需要选择贴近学生生活的内容，使之易于理解和产生共鸣。通过这种合理的选材，学生将更容易投入学习中，从而获得更好的教学效果。

第二，示范引导。在范读过程中，教师的示范引导起着至关重要的作用。教师应当注重语音语调的模仿和情感的表达，为学生提供直观的示范，从而激发学生的学习兴趣，并引导他们进行模仿，这种示范引导不仅可以帮助学生更好地理解范文的意义，还可以提高他们的语音表达能力和情感表达能力。

第三，分层指导。针对学生的不同水平，教师可以采取分层指导的方式，给予个性化的辅导和指导，这种分层指导可以根据学生的语言水平和学习需求进行灵活调整，以确保每个学生都能够在适合自己的水平上有所收获。通过这种个性化的辅导和指导，教师可以更好地满足学生的学习需求，提高教学效果。

第四，多角度评价。在评价学生的范读表现时，教师应当从多个角度进行评价，包括语音语调、语感和语气等方面。这种多角度评价可以帮助教师全面了解学生的语言表达能力，并针对性地提出改进建议，从而进一步提高学生的语言表达水平。通过这种全面的评价方式，教师可以更好地帮助学生发现和解决问题，实现其语言学习的目标。

总而言之，教师在范读教学中应当合理选材、示范引导、分层指导和多角度评价，以提高学生的语言表达能力和教学效果，这种有效的教学方法不仅可以促进学生的语言学习，还可以培养其综合能力。

第三节 语文课堂板书技能与提问技能

一、语文课堂板书技能

小学语文课堂板书作为教学过程中的重要组成部分，对于学生的学习效果和教学效果起着至关重要的作用。小学语文课堂板书是教师在课堂上使用黑板、白板或其他展示工具，将教学内容以图文并茂的形式呈现给学生，以辅助教学、激发学生学习兴趣、提高教学效果的一种教学手段。随着教育教学改革的不断深入，语文教学已经不再局限于传统的"讲授—背诵—默写"的模式，而是更加注重培养学生的综合语文素养，课堂板书技能的运用也日益凸显其重要性。

（一）语文课堂板书技能的重要性

第一，辅助教学。辅助教学在教学过程中扮演着重要的角色，而课堂板书则是教师不可或缺的重要辅助手段，它以其清晰简洁的特点直接呈现在学生面前，成为教学内容的可视化展示，从而促进学生更好地理解和掌握知识。通过巧妙设计和布局，课堂板书不仅仅是知识点的呈现，更是一种艺术，能够激发学生的学习兴趣，从而使得整个课堂氛围更加生动有趣。

第二，激发学习兴趣。精心设计的课堂板书不仅仅是文字和图形的简单呈现，更能够通过富有创意的图片、图表等形式，吸引学生的眼球，引发他们的好奇心和求知欲，这些生动的视觉元素能够使抽象的知识点具体化，使学生更容易理解和接受。例如，当教师在板书上用生动的图画或图表展示化学反应的过程时，学生不仅可以清晰地看到反应物与生成物之间的关系，还能够更直观地理解化学反应的机理，从而对知识产生浓厚的兴趣。

第三，强化记忆效果。通过将重点知识点以清晰、有条理的方式呈现在板书上，学生可以形成直观的视觉印象，使得知识更易于被记忆和理解，这种视觉印象能够在学生的大脑中留下深刻的烙印，帮助他们在复习和巩固知识时更加高效。例如，在学习历史课程时，教师可以通过绘制时间轴或重要事件的图表来展示历史发展的脉络，这样的板书设计不仅能够帮助学生厘清历史事件之间的关联，还能够加深对历史知识的记忆。

（二）语文课堂板书技能的技巧

第一，笔墨搭配。合理选择适当的笔墨搭配能够使板书更加清晰易读。一般而言，黑板上的字迹应选用粉笔书写，因为粉笔的颜色在黑板上更为醒目，易于辨认。而在白板上，可以采用黑色或其他深色的马克笔，这样可以确保字迹清晰、不易模糊。

第二，信息梳理。在进行板书设计时，应注意将知识点进行梳理与归纳，以逻辑清晰、层次分明的方式呈现在黑板上。应避免过多的文字，突出重点，以便学生抓住重点、掌握难点。通过良好的信息梳理，能够帮助学生更好地理解知识结构，提高学习效率。

第三，图文结合。板书内容应注重图文结合，可以通过插图、表格等形式丰富板书内容，增加视觉效果，提高学生的接受和理解能力。图文结合能够使板书更加生动形象，有助于激发学生的学习兴趣，促进他们对知识的深入理解。

第四，互动设计。在板书过程中，可以设计一些互动环节，如留白让学生补充、提问引导学生思考等，以促进师生互动，活跃课堂氛围。通过互动设计，能够激发学生的参与意识，增强他们的学习动力，提高课堂效果。

总而言之，课堂板书设计需要综合考虑笔墨搭配、信息梳理、图文结合和互动设计等多个方面，以达到更好的教学效果。这些技巧的合理运用能够帮助教师更好地传授知识，激发学生的学习兴趣，提高他们的学习效率。

（三）语文课堂板书技能的优化策略

第一，注重观摩与借鉴：教师可以通过仔细观察其他老师的板书，借鉴其设计理念和技巧，从中汲取灵感，不断丰富自己的板书设计思路。这种观摩与借鉴的过程并非简单地模仿，而是通过对他人作品的审美、思维和创意的领悟，将其融入自己的教学实践中，使得板书设计更加丰富多彩。

第二，多维培训与提升：学校可组织针对小学语文课堂板书技能的培训，让教师系统学习相关知识和技能，并不断提升自己的设计水平，这种培训不仅包括理论知识的传授，还应注重实践操作，通过案例分析、角色扮演等方式，使教师能够深入理解和掌握板书设计的精髓，从而在实践中更加得心应手。

第三，实践探索与总结：教师应不断进行课堂教学实践，尝试不同的板书设计方案，积累宝贵的设计经验。在实践中，教师需要及时总结经验教训，发现问题并加以改进，不断提高自己的设计水平。通过不断地实践探索和总结反思，教师可以逐渐形成自己独特的设计风格和方法论，为学生创造更加丰富、生动的学习环境。

第四，合作交流与分享：教师可以通过校内教研活动或教学沙龙等平台，与同行进行经验交流与分享，共同提高板书设计水平。在这样的交流平台上，教师可以分享自己的设计经验和心得体会，倾听他人的建议和意见，从而不断丰富自己的设计思路，拓宽设计视野。通过与他人的合作交流与分享，教师可以汲取他人的优点，弥补自己的不足，共同进步，共同提高。

总而言之，小学语文课堂板书作为语文教学中的重要环节，对于提高教学效果、促进学生学习具有重要意义。教师应不断提升自己的板书设计水平，不断创新和探索，以更好地服务于教学实践，为学生的学习提供更好的支持与帮助。

二、语文课堂提问技能

小学语文课堂中的提问技能是教师教学中极为重要的环节。提问作为教学的基本手段之一，直接影响着学生的思维活动和学习效果。在小学语文教学中，合理有效的提问可以引导学生主动思考，激发学习兴趣，促进知识的吸收和运用。"教师提问能起到设疑、解疑和反馈的作用，能指明方向、承上启下、启发思维和调节气氛。"[1]

---

① 李艳.小学语文教育创新实践研究[M].长春：吉林文史出版社，2021：106.

（一）语文课堂提问技能的特征

1.针对性特征

教师应根据学生的认知水平和学习情况有针对性地提出问题，使问题的难易程度适应学生的接受能力。例如，在教学诗歌鉴赏时，对于初学者可以提出一些简单直观的问题，如"诗中的'春风又绿江南岸'是表达了何种意境？"而对于高年级学生，则可以提出更深入、更具挑战性的问题，如"诗中'飞流直下三千尺'的意象与诗人的感情有何联系？"采用针对性的提问方式，有助于引领学生进行深入思考，从而激发他们的学习热情并提升学习成果。

2.启发性特征

教师在提问时，不仅要注重问题的针对性，还要注重问题的启发性，即通过问题引发学生思考，激发他们的学习兴趣和求知欲。例如，在讲解古诗词时，教师可以提出一些具有启发性的问题，如"你觉得诗人为何用'黄河之水天上来'来形容黄河？""你能联想到哪些自然景物或现象与诗中的描写相似？"这样的问题既能引导学生深入理解诗词的意境和艺术特点，又能激发学生的联想和想象力，使他们更加主动地参与到课堂中来。

3.多样性特征

提问应具有多样性，教师在提问时应该尽量避免单一的提问方式，而是要灵活运用各种提问方式，如开放式问题、封闭式问题、引导性问题、反问式问题等，以丰富学生的思维方式和表达方式。例如，在讲解一个文言文句子时，教师可以先提出一个开放式问题，如"你能理解这个句子的意思吗？"然后再提出一个引导性问题，如"你能从句子中找出哪些词语是生僻词吗？"通过这样多样化的提问方式，可以更好地激发学生的思维活动，提高他们的学习积极性和学习效果。

4.连贯性特征

教师在提问时，应该注意问题之间的逻辑关系，使问题之间能够相互衔接，形成一个连贯的思维链条。例如，在讲解一篇文章时，教师可以通过一系列连贯的问题引导学生逐步深入了解文章的内容和结构，如"文章的主题""文章中有哪些具体的论据或事例支撑这个主题""作者是如何表达自己的观点和情感的"。通过这样连贯性的提问，可以帮助学生系统地理解和分析文章，提高他们的思维能力和表达能力。

（二）语文课堂提问技能的优化策略

在小学语文课堂中，教师如何提问、提问的质量和方式往往会影响学生的学习效果和兴趣。因此，对于小学语文课堂提问技能的优化策略，需要结合教学实践和理论研究，不断探索和总结适合小学生特点的提问方法。

第一，优化小学语文课堂提问技能需要注意问题的设置。问题应该具有针对性和启发性，能够引导学生主动思考和探索。可以通过提出开放性问题、引导性问题、对比性问题等不同类型的问题来激发学生的思维，拓宽他们的认知视野。同时，问题的难度要适度，既不能过于简单导致学生失去兴趣，也不能过于复杂而让学生感到沮丧。通过合理设置问题，可以引导学生积极参与课堂提问，提高他们的学习动机和兴趣。

第二，优化小学语文课堂提问技能需要注重问题的引导与追问。教师在提问过程中，应该灵活运用引导性语言，引导学生逐步深入思考，激发他们的学习兴趣。同时，教师还应该善于追问，通过对学生回答的再次追问，促使他们深入思考，发现问题的本质，从而提高他们的分析和解决问题的能力。追问不仅可以帮助学生建立自信心，还能够加深他们对知识的理解和记忆，促进学习效果的提升。

第三，优化小学语文课堂提问技能需要关注问题的情境设置。教师可以根据课文内容、学生的实际情况和兴趣爱好，设置具有情境感的问题，使学生更易于理解和接受。通过情境化的提问，可以帮助学生将抽象的知识与实际生活相联系，提高他们的学习主动性和参与度。同时，情境化的提问也能够培养学生的联想和想象能力，拓展他们的思维空间，促进创造性思维的发展。

第四，优化小学语文课堂提问技能需要重视问题的反馈和总结。教师应该及时对学生的回答进行评价和反馈，指出其优点和不足之处，并给予针对性的指导和建议。同时，在课堂结束时，教师还可以对本节课的提问进行总结和归纳，让学生对所学知识有一个清晰的认识和理解。通过及时反馈和总结，可以帮助学生及时调整学习策略，提高学习效果和成绩。

总而言之，在小学语文课堂中提问时，教师应该根据学生的实际情况，灵活运用针对性、启发性、连贯性和多样性的提问方式，不断优化提问策略，引导学生主动思考，激发他们的学习兴趣，促进他们的全面发展。只有这样，才能更好地实现语文教学的目标，培养学生的语文素养，提高他们的综合素质。

第四节　语文课堂讨论技能与总结技能

一、语文课堂讨论技能

"课堂讨论是指学生在教师的指导下，就教材中的知识重点和难点，在独立钻研的基础上，共同进行讨论、辩论的教学组织形式。"[①]课堂讨论实现了有效的师生互动，拓宽了学生获得知识的途径，加深了学生对课文知识的理解，能够激发学生独立思考，提升创新思维，并培育其发现问题、分析问题及解决问题的能力，同时锻炼口头表达能力。

语文教学应在师生平等对话的过程中进行，注重培养学生自主学习的意识和习惯，为学生创设良好的自主学习情境，尊重学生的个体差异，鼓励学生选择适合自己的学习方式。课堂讨论的设置，使课堂成为师生平等对话的平台，迎合了现代型人才培养的需要；课堂讨论成为合作学习的主要环节，在课堂学习中发挥着重要作用。

（一）课堂讨论的意义

1.自主合作，提升能力

在小学语文课堂中，讨论技能的自主合作与提升能力是一项至关重要的教学任务。通过有效的讨论，学生可以积极参与，自主思考，并从他人的观点中获得启发，从而提高语文素养和思维能力。

讨论技能的自主合作涉及学生在讨论过程中的自主性和合作性。自主性体现在学生自发地提出问题、分享观点、分析问题等方面，这有助于培养他们的独立思考和判断能力。而合作性则表现在学生之间相互交流、共同探讨问题、协商解决方案等方面，这有助于培养他们的团队意识和合作能力。通过自主合作的讨论，学生不仅能够更好地理解课文内容，还能够培养批判性思维和表达能力。

在语文课堂上，通过讨论，学生可以不断提升自己的语言表达能力、思维逻辑能力和批判性思维能力。他们可以学会如何清晰地表达自己的观点，如何逻辑地分析问题，如何客观地评价他人的观点。此外，讨论还可以激发学生的学习兴趣，增强他们对语文学习的积极性和主动性，从而提升他们的学习效果。

---

① 胡冰茹，周彩虹.小学语文课程教学与设计[M].苏州：苏州大学出版社，2020：64.

为了有效地促进讨论技能的自主合作与提升能力，教师可以采取一系列措施。首先，教师可以设计富有启发性和争议性的讨论话题，激发学生的思考欲望；其次，教师可以引导学生学会倾听和尊重他人的观点，培养他们的合作意识和团队精神；最后，教师还可以组织各种形式的讨论活动，如小组讨论、角色扮演、辩论赛等，让学生在实践中不断提升讨论技能。

2.提高兴趣，活跃课堂

小学语文课堂需要保持活跃性，以适应这个年龄段学生的特点。在教师的带领下，学生融入一种和睦活跃的气氛中，师生关系平等、融洽，学生和学生之间能自然互动、自由探索和吸收有用的信息，课堂讨论既能满足学生自由发表言论的心理需求，又能引导学生完成学习任务。在分组活动中，教师会选派主持人和记录员，主持人负责汇报，课堂讨论会的主持及记录员角色应定期交替，旨在促使每位学生掌握活动组织和技巧。因此，课堂讨论对于培养学生的创造力和解决实际问题的能力是一种有效手段。

3.知识共享，培养团队精神

从教学的知识理论与实践两个层面而言，课堂活动的开展促成了师生之间传递信息、交流感想、融合观点、达成共识的良性互动。一方面，在讨论中学生可以个体独立思考问题，发表自己独到的见解，提升认知力和辨别力，锻炼口头语言的表达能力；另一方面，在与其他同学和小组成员交流的过程中，学生不断地汲取别人的智慧，打开了解决问题的思路，提升了解决实际问题的策略，学会在合作中把自己所掌握的知识分享给他人，通过小组合作与大家共享知识。同时，课堂讨论采用集体参与的方式进行，在学生之间展开积极交流与合作，彼此尊重，营造出和谐的合作氛围，从而培育了团队协作精神。好的课堂讨论能有效地培养学生的口头表达能力、归纳总结能力、思辨能力、合作探究能力、理论联系实际能力。

4.教学相长，兼顾个性发展

新的课程改革着重于学生的主体地位，并对课堂教学进行了优化。小学语文课堂讨论作为一个重要的教学环节，有效地贯彻了这一教学理念。课程标准强调，阅读是学生个性化的行为，不应由教师的分析代替学生的阅读实践。通过讨论，每个学生都有机会积极参与教学活动，这有助于激发他们潜在的竞争意识、好胜心理和尊重需求，从而使全体学生都能够得到有效的发展。在讨论过程中，每个学生都享有表达自己观点的机会，这有助于促进学生的思维能力和表达能力的发展，培养他们批判性思维和团队合作精神。因此，小学语文课堂讨论在推动学生参与、发展和合作方面发挥了重要作用，有助于实现课程改革的目标，为学生的全面发展提供了良好的教育环境。

（二）课堂讨论的分类

从讨论的组织方式而言，小学语文教学常用课堂讨论的分类主要包括以下几方面：

1.小组合作讨论

在倡导合作学习的理念背景下，小组讨论在小学语文课堂上是比较受欢迎的一种形式，整个过程由分组、提出讨论题、展开讨论、组长汇报、教师总结来构成。

（1）分组人员。分组时，既可以按照教师指定的方式分组，又可以按照学生意愿自由分组。分组人员不宜过多，一般不超过6人。在各小组中，须选定一名主持人及一名记录员。通常情况下，此项任务由任课教师指定，同时学生自荐及轮流担任亦予以充分尊重。主持人和记录员需要培训上岗。在合作学习的过程中，教师要培养学生"三会"：①学会倾听，不随便打断别人的发言，努力掌握别人发言的要点，对别人的发言做出评价；②学会质疑，当自己听不懂时，请求对方做出进一步的解释；③学会组织，组织小组学习，并能根据他人的观点做总结性发言。

（2）讨论内容。为了更好地推进课堂教学，完成教学目标，课堂讨论的问题一般都是由教师设定的，每次讨论最好围绕一个主题，突出一个中心，设置2~3个问题，并且讨论的问题要具体明确、难度适中，便于讨论。教师需要预设好讨论过程中会出现的问题，并顺利完成讨论，学生应提前预习，并做好充分准备。以小学语文教学中《"贝"的故事》的问题讨论设计为例，主要包括以下几方面：

《"贝"的故事》一课，介绍了"贝"字的由来、演变和发展，共有两个自然段。第一自然段介绍了"贝"字的由来。课文中间的四幅插图，呈现了"贝"字的演变过程，从左到右依次为实物贝壳图片、甲骨文"贝"字、小篆"贝"字、楷书"贝"字，这四幅插图可以帮助学生直观感受"贝"字的形态变化过程。第二自然段介绍了贝壳的两个作用：①人们觉得贝壳很漂亮，很珍贵，喜欢把它们当作饰品戴在身上；②贝壳便于携带，不易损坏，于是古人把它当作钱币。古代人将贝壳作为货币，因此多数带贝字旁的字词皆与财富有关。按两个课时来安排，教师可以在第一课时解决基础知识问题的基础上，在第二课时设计课堂讨论：贝壳的作用，"贝"字是怎样成为偏旁部首的，说出用"贝"作为偏旁的字，这三个问题可以分开讨论，可以同桌之间交流，也可以四人交流，还可以活动小组展开讨论。尽管问题较为基础，但教材在重点与难点方面，兼顾了小学生的特性，并结合生活实际，旨在提升学生的阅读素养。

第一，在教学环节中，时间的安排至关重要。对于课堂讨论，其时长应根据具体情况进行调整，通常应控制在6～8分钟左右。过长的讨论时间可能会导致整个课程的进度受到影响，使学生的注意力分散，而过短的时间则可能无法达到教学的预期目标。在此期间，教师应该巡视各组，观察课堂讨论的情况，并在必要时提供必要的协助和指导，以确保讨论的顺利进行。

第二，在汇报环节，教师会指定每组一名代表介绍该组的主要观点。学生代表在发言时，需要吐字清晰、观点明确，以确保信息的准确传达和理解，这种安排有助于培养学生的表达能力和团队合作精神，也为同学们提供了展示自己思想的机会。

第三，在总结环节，教师将先综合归纳各组的主要论点，并进行点评。通过这种方式，可以促进学生对课程内容的深入理解，并激发他们对知识的进一步探索和思考。教师还会指出各组存在的问题，并形成要点，最后将讨论内容与课堂内容进行回归，以确保学生能够将所学知识与实际情境相结合，并加深对知识的理解和应用能力。

2.班级范围讨论

班级讨论是在全班范围内进行讨论的一种形式，比小组讨论的范围要广。

（1）直接的班级讨论。这种讨论形式一般是与提问联系在一起的，教师设计问题让学生思考，之后学生进行回答，既可以是自由回答，又可以是教师选定回答。这种讨论形式需要注意问题的难度不宜过大，因为学生思考的时间较短，学生的回答跟教师的期待值会有偏差，因此问题不能范围太宽，也不宜过多。教师不仅要引导全体学生围绕问题展开讨论，还要综合学生的各种意见，更要尽可能使每一个学生都有发言的机会。

（2）基于小组讨论的班级讨论。这种讨论形式通常在小组内部的讨论活动结束后进行。在这个过程中，每个小组会选出一名代表来发表小组的观点和意见，然后其他小组成员会对这些观点进行补充说明或提出补充性的见解，这种做法有助于确保每个小组成员的声音都得到了充分的听取和表达，从而提高了参与感和讨论的广度与深度。在这种班级讨论中，各小组之间会展开辩论。在辩论过程中，各小组成员可以为本小组的立场辩护，也可以向其他组提出问题或挑战，这种互动性的辩论形式能够促进思想碰撞与交流，有助于深入理解不同观点之间的异同，激发学生的思维活跃度。

基于小组讨论的班级讨论形式具有多重优点。首先，它能够充分发挥每个学生的参与性，使得讨论更具广泛性和多样性；其次，通过代表发言和辩论的形式，学生们能够培养表达能力和辩论技巧，提高沟通能力；最后，这种形式也有助于培养学生的团队合作精神，因为他们需要协作来准备并支持自己小组的立场。

3.同桌合作讨论

合作式是小学语文最方便操作的一种方式，在一个课时中会多次使用。特别是识字课和拼音课，涉及的学习内容比较细碎，字词句、朗读背诵、查字典、写字等都可以与同桌合作，双方互相配合、互相评价、共同进步。阅读课一样可以运用查字典、朗读、完成讨论题等方式，你读我听，你查我记。例如，《传统节日》这篇识字课文，以儿歌的形式介绍了春节、元宵节、清明节、端午节、七夕节、中秋节、重阳节7个传统节日。诗歌重在朗读，所以在朗读中可以设计与同桌合作，互读、互听、互评。在课堂教学中，教师应做到：①请学生借助拼音，自由读儿歌（要求：在拼音的帮助下把字音读准确，难读的词多读几遍）；②自读检查，相互正音（要求：同桌对读、互评、正音）。

（三）课堂讨论的优化

1.精心选取问题

课堂讨论的质量来自讨论内容的选择和确定。高质量的课堂讨论取决于讨论话题的有效设置。

（1）题目内容应以教学目标、重难点为依据。教师应选择能促进思考、有思辨性、能激发探究精神的题目，特别是焦点问题。焦点问题包括：①重点、难点、疑点；②存在分歧的内容；③容易混淆的知识。因为这些本身就是教学活动中需要着力解决的问题，也是最刺激学生思维、激发思维兴奋点之所在。教师可以从练习里选择合适的题目。教材围绕单元双线提示而设计的"思考与练习"是编者提供给教师和学生思考使用的，在探讨重难点问题时，若题目已紧密贴合议题，可直接采用，或根据需要进行适度调整后使用。

（2）题目要有针对性。课堂讨论的目的是加深理解，解决重难点，经过观点的碰撞后达成共识。教师应根据文章的类型，设计不同角度、不同层次、难易适中的讨论题，主要包括：①要针对学情，课堂讨论的问题内容应贴近生活实际、符合学生的认知水平和认知能力；②要考虑到讨论的时间，预留6~8分钟，安排讨论一些问题，要预见可能会出现的情况；③要兼顾组员的安排，考虑组员能否合作完成这次讨论。

（3）问题讨论的过程中，教师要有较强的洞察力，能够预见讨论的过程和结果。在信息时代，学生有更多的机会接触媒体，随着课外阅读量增大，课余参加各种补习班，信息的获取途径相对较多，教师要学会换位思考，站在学生的角度来思考问题。在论述过程中，教师须适时实施高效的管控。鉴于小学生年纪尚幼，讨论过程中可能出现主题偏离的现象，教师应予以检查，积极参与学生的讨论，并进行适宜的调整与引导。

2.安排讨论过程

课堂讨论整个过程的组织需要精心安排，要让课堂讨论训练变成常规练习，主要包括以下几方面：

（1）讨论前，教师要分析学情。在组建学习小组时，教师需要根据学生的知识水平、基础状况、兴趣偏好进行合理搭配，以确保小组成员之间的互补性和多样性。在各个小组进行讨论的过程中，教师需积极履行指导和培训职责，引导学生们充分发挥各自优势，共享学习资源。经过一段时间的运作，逐渐形成具有稳定性和活力的活动小组。与此同时，教师要考虑讨论应安排在第一课时还是第二课时。从课时推进的进程而言，小学语文的教读课一般安排2个课时，自读课安排一个课时。第一课时的合作讨论属于基础知识认知阶段。在朗读环节，教师可以安排同桌之间互读互评；到了生字学习环节，同桌之间要合作查字典、读写生字。第二课时安排的讨论主要针对教学重难点。对于讨论的时间安排，教师要结合整个教学进程来设计。

（2）在讨论过程中，教师要密切关注学生的讨论进展，确保每个学生都能参与到活动中。教师不仅要扮演组织者的角色，还要成为学生们的良师益友，为他们提供必要的指导和帮助。针对讨论中出现的问题，教师要灵活运用教育教学策略，引导学生们找到问题的解决方案。教师在巡堂过程中，要关注学生的讨论技巧和方法，帮助他们提高沟通协作能力。对于讨论中出现的分歧和争议，教师应鼓励学生充分表达自己的观点，并学会倾听他人的意见。通过这种方式，学生们在讨论中能够逐渐培养出批判性思维和创新意识。在讨论活动中，教师还要关注学生的情感需求，为他们提供必要的支持和鼓励。当学生遇到困难时，教师要耐心引导，帮助他们建立自信心。同时，教师还要关注学生的心理健康，确保他们在讨论活动中能够保持积极的心态。此外，教师应根据学生的实际情况，及时调整讨论活动的内容和形式。针对不同学生的特点和需求，教师可以采用多样化的教学手段，使讨论活动更具针对性和实效性。通过这种方式，教师能够更好地激发学生的学习兴趣，提高他们的综合素质。

（3）讨论结束后，教师既要组织全班学生认真听取各小组的汇报，又要及时准确地回收全部信息，给参与讨论者以正确的评价，这实质上是又一次反馈性讨论，可以是全班性总评，可以是自评、他评，可以是面评，也可以是书面评价，它既是对学生个人智慧、集体力量、合作能力的一次检验，也是教学中必不可少的环节。

3.预习复习衔接

熟悉课文是课堂讨论的前提，课前预习是组织课堂讨论的一个必不可少的教学环节。学生只有课前在知识上、资料上做好充分的准备，才能在课堂中有话可说，更好地参与到讨论中。教师应设计导学案，指导学生遵循特定要求进行自主学习，助力学生在课前掌握基础事实性知识，培养其独立学习素养，并为课堂讨论做好充分准备。

4.营造发言氛围

在教育过程中，课堂是培养学生思维能力的重要场所。教师不仅要传授知识，还要关注学生的思维发展，使他们具备提出问题、解决问题的能力，从而形成良好的学习习惯。为了实现这一目标，教师需要在日常教学中注意发掘和培养学生的创造性思维和创新能力，主要包括以下几方面：

（1）教师应激发学生的求知欲和好奇心。学生有了疑问和好奇心，才会主动去探索、发现、提问。在这个过程中，教师要耐心引导，让学生敢于提问、善于提问，逐步培养他们的思维能力。

（2）教师要培养学生独立思考的能力。在教学过程中，教师要引导学生学会自主分析问题、解决问题，避免过度依赖老师。通过这种方式，学生可以充分发挥自己的主观能动性，提高思维品质和创造力。

（3）教师要注重小组合作与交流。让学生在团队中互相学习、互相启发，有助于拓宽思路，增强思维敏捷性。同时，教师要关注每个学生的个体差异，因材施教，挖掘他们的潜能，使他们的创新能力得到提升。

（4）将课堂教学与实践活动相结合也是非常重要的。让学生在实践中感受知识，锻炼能力，可以更好地激发他们的学习兴趣。实践活动有助于学生将理论知识转化为实际操作，从而提高创新能力。

（5）教师要关注学生的情感需求，营造宽松、和谐、民主的课堂氛围。在这样的环境中，学生才能放下心理包袱，勇于表达自己的想法，充分展示自己的创造性。

二、语文课堂总结技能

总结是对过去一定时期的工作、学习或思想情况进行回顾、分析，并做出客观评价的书面材料。课堂总结是课堂教学中的重要环节，当教师完成课堂某一知识点的讲授，或者将学生的注意力引到一个特定的学习任务时，需要对所讲授内容做一个简短的系统性、概括性、延伸性的归纳，从而促进认知结构的形成、新知识模块的建立、解题技能的优化和思想方法的提炼。课堂总结不仅有助于梳理知识，培育学生的学习潜能，还能提升学生的思维品质，使教学过程更为完备，使学生掌握知识的路径更为明朗，从而为课堂教学画上圆满的句号。

（一）课堂总结的意义

第一，巩固新知识。在教学过程中，为了有效巩固新知识，课堂的节奏应该设计得既有张力又有放松，既有紧凑的内容展示，又有松弛的思维整合时间。当一个教学阶段结束，进入下一个阶段时，教师应该对之前所学的内容进行回顾和梳理，将学习的要点进行总结，并提醒学生重点关注和记忆。

第二，承前启后。在短暂的语文课堂里，教学环节应该呈现一种由浅入深、循序渐进的过程，各个环节之间的内容需要有衔接和过渡，以确保学生能够理解和吸收。通过承前启后的教学设计，可以使得学生在课堂中能够循序渐进地建立起知识的结构框架，从而更好地理解和应用所学内容。

第三，认识升华。在课堂教学中，教学内容通常呈现出较为分散的状态，包括教师讲解、学生参与以及各种课堂活动。尤其是小学阶段的课程，更多地注重于直观和感性的知识传授。因此，教师需要在一个阶段或整个课堂结束后进行总结，对重点知识进行归纳，并将其与学生的生活联系起来，以实现语文课程工具性与人文性统一的目标。

第四，培养能力。在语文综合能力的培养中，概括能力被视为一种基本而重要的能力。概括能力指的是将事物的共同特点归纳整合，用简明扼要的语言表达出来，揭示事物的本质特征，这种能力的培养包括概括段落大意、概括中心思想以及写作特点等方面。通过信息的分析、综合、比较、抽象和概括等环节，学生最终能够得出结论，从而提高他们的思维能力。

第五，及时反馈。在学生学完一篇课文后，教师应该及时进行总结，概括课文内容的同时，还应该梳理学生学习过程中的优点和存在的问题，并对他们的学习情况进行评价。这种及时的反馈不仅有助于学生进行自我反思和自我提升，也能够帮助教师及时调整教学策略，更好地满足学生的学习需求。

（二）课堂总结的分类

1.课堂教学的课前总结

在进行课堂教学前，教师有必要进行全面而系统的准备，这一准备过程包括总结课堂的特点、优势和短板，以及审视课程标准，查阅相关资料，梳理教学过程中可能存在的问题，并思考解决方案，最终确定教学设计的目标。

（1）教师需要审视自己的课堂特点、优势和短板。通过分析以往的教学经验，可以清晰地了解到自己的教学风格、教学方法的得失，以及学生的反馈情况。这有助于教师认识到自己在教学中的优势所在，可以充分利用这些优势来提高教学效果，也应该客观地认识到自己存在的短板和不足之处，以便有针对性地加以改进。

（2）教师需要熟悉相关的课程标准，并及时查阅相关资料。课程标准是教学工作的依据，教师应当了解并熟悉其中的要求，确保自己的教学活动符合标准要求。此外，及时查阅相关资料有助于教师在教学中获得更多的支持和帮助，还可以为教学提供更丰富的内容和更多的参考资料。

（3）教师应当审视自己在教学过程中存在的问题，并思考解决方案。教学实践中常常会遇到各种各样的问题，如学生的理解能力不足、教学资源不足等。面对这些问题，教师应当及时分析原因，思考解决方案，并加以实施，以提高教学效果。

（4）教师在进行教学设计时应该明确教学目标，并不断调整优化。教学目标是教学活动的核心，教师应当明确自己的教学目标，并根据实际情况进行调整和优化，以确保教学活动的顺利进行和达到预期的效果。

2.课堂教学的课中总结

在课堂教学过程中，教师不仅要在一堂课结束时进行课堂小结，而且要根据课堂内容的特点随时进行思想、方法的总结。课堂总结不仅发生在一节课的结束，也发生在每一个教学环节的结束。课中总结通常采用小节的方式。小结是针对课堂的一个阶段或者一个课时做总结。教师依据课堂教学计划完成一个阶段的任务后，应及时小结，对前面的内容进行回顾、梳理，并衔接下一个阶段的新内容。小结是课堂教学过程中的关键环节，对于巩固学生知识体系和进行反复训练具有重要意义。在授课过程中，教师需关注学生的知识掌握程度，并针对薄弱环节进行有针对性的强化训练，指导学生通过小结把书本"读薄"，并提炼出其中的精华。

（1）启发性小结。教师可以创设悬念，引出下节课的内容，唤起学生的关注，激发学生的学习兴趣。在教学过程中，教师通过启发性小结可以引导学生对已学内容进行深度思考，提升他们的理解能力和创新能力。同时，它也能为下一节课的教学内容搭建起一个桥梁，使学生在心理上做好准备，对接下来的学习充满期待。教师可以从以下几方面入手：

第一，悬念设置，在课堂的最后几分钟，教师可以巧妙地设置悬念，引发学生的好奇心。例如，通过提出一个具有启发性的问题、介绍一个与课程内容相关的有趣现象或故事，让学生在思考问题时自然地联想到下一节课的内容。

第二，突出重点。教师要对本节课的核心知识点进行简要回顾，强调其重要性，这既可以帮助学生巩固记忆，也能让他们明确知道下一节课将要学习的内容与已有知识体系的联系。

第三，激发兴趣。教师可以运用生动的语言、形象的事例和有趣的案例，使学生在回顾本节课内容的同时，对下一节课产生浓厚的兴趣，这样，学生在课后会主动寻找资料、进行预习，为下一节课的学习奠定坚实基础。

第四，引导自主学习。教师可以布置一些与下一节课内容相关的思考题或实践任务，鼓励学生在课后自主探究，这样既能锻炼学生的自主学习能力，也能提高他们的学习积极性。

第五，适度拓展。在启发性小结中，教师还可以适度拓展课程内容，介绍一些与主题相关的课外知识，这有助于拓宽学生的视野，培养他们的综合素质。

（2）阶段性小结。小学语文教学是一个由浅入深、循序渐进的过程，在不同阶段教学的重点和方法也会有所不同。在课堂教学的学前阶段，教师应重点培养学生的语感和表达能力，通过听、说、读、写等综合训练，帮助他们建立良好的语言基础；在课堂教学的初级阶段，教师应注重培养学生的阅读能力和写作能力，引导他们掌握基本的阅读技巧，提高文字理解能力，并通过课外阅读拓展知识面；在课堂教学的中级阶段，教师应注重培养学生的文学素养和批评能力，引导他们分析文学作品的艺术特点和内涵，培养批判性思维；在课堂教学的高级阶段，教师应注重培养学生的创新能力和批评能力，鼓励他们进行独立思考和创作，提高文学修养和审美情趣。

（3）归纳性小结。首先，在教学过程中，必然会遇到各种问题，其中包括知识方面的疑惑，教师应该及时总结，将学生在学习新知识或解决问题后产生的新疑问整理出来，并引导他们进一步思考。这种引导可以包括提出新的问题以拓展学生的思维，对本堂课程内容进行深入探讨，或者为未来学习做好铺垫。其次，教师还需注意梳理学生学习过程中出现的问题，及时提醒他们注意，这种提醒可能涉及学习方法的指导、学习态度的调整等方面，有助于学生更好地掌握知识。

（4）梳理性小结。在阅读一篇文章时，不仅需要理解文章表面的文字，更需要把握文章的思想内核和重点内容。为此，小结可以通过仔细品析和欣赏，把握文章的逻辑结构和论述线索，从而理解文章的主题和要点。在这个过程中，教师可以将文章分解为不同的部分，梳理出每个部分的主旨和关键信息，然后用简明扼要的语言表达出来，这样的梳理过程不仅有助于加深对文章的理解，还能提高学生的表达能力和思维逻辑。

3.课堂教学的课后总结

课后总结也称教学反思，是指教师自觉地把自己的课堂教学实践，作为认识对象而进行全面而深入的冷静思考和总结。针对教师在教学实践中的表现，对其予以肯定、支持、强化的同时，亦需对其进行否定、思考、修正，以此作为一种提升自身业务、改进教学实践的学习方式。教师需通过深入反思自身的教育实践，积极探讨并解决教育实践中所面临的问题，从而不断丰富自身知识体系，提高教学水平。教学反思是一种有益的思维活动和再学习的方式，每一位优秀教师的成长都离不开教学反思。一般而言，这种反思可以通过评课、做教学案例、写教学手记等方式来进行。

（1）反思成功。反思成功主要包括课改理念运用得好，突出"教师为主导、学生为主体"的地位；课堂上有一些精彩的师生对答、学生争论；教学思想方法和教学原则运用得较好；有临时应变的教学措施；对教材有创造性的处理等。反思成功能为以后的教学提供经验，为完善教学提供帮助。

（2）反思失误。反思失误侧重审视教师课堂教学的失误之处，思考解决问题的办法、对策，诸如问题情境的创设有没有给学生思考的空间、学习活动的组织是否有利于学生的自主学习、小组合作学习有没有流于形式、是否关注学生的情感态度与价值观的发展等。教师针对此类内容进行回顾、梳理，并进行深入反思、探讨与剖析，以此为今后教学提供借鉴，同时寻求解决问题的新途径及教学新思路。

（3）反思学生表现。反思学生表现包括课堂上学生的独特见解、学生的精彩回答、学生的创新思维等。这些源自学生对文本的独特解读，以及对世界的独立感悟，构成了丰富且珍贵的课程资源，也是教师可以充分利用的宝贵教学素材。

（4）反思学生的问题和建议。学生在学习中肯定会遇到很多困难，也必然会提出各种各样的问题，有些是个别的，有些是普遍的，有些是教师意想不到的，也有些是富有创新性的。可能有的问题一时还难以解答，教师应及时记录下来这些问题，并及时进行反思。

（三）课堂总结的方式

课堂总结加强了知识间的联系，充分体现出学生所学知识的系统性，既对学生所学知识起到承上启下的作用，又为学生后续学习新知识做铺垫。总结有助于学生进一步梳理知识，凸显要点，攻克难题，从而有利于他们对知识的理解、把握、记忆和运用。同时，这也有助于培养学生的良好行为习惯和思维品质，提升他们的注意力。

1.趣味式总结

小学生处在以形象思维为主的年龄阶段，思维活跃、爱热闹、好奇心重。

教师可以设计新颖有趣、耐人寻味的课堂总结形式，使学生保持学习兴趣，也可以通过与本节课学习的内容有关的音乐、童话、故事，或是让学生看录像、听儿歌等方式来做课堂收尾，帮助学生保持愉快的心情。以识字课为例，在教学中，教师要注重培养和激发学生的学习兴趣，通常小学语文教材的识字课安排在一年级和二年级，这个年龄段的学生活泼好动，注意力不集中，因此教师在教学中要利用游戏或比赛的形式调动学生学习的兴趣，如猜字谜、"找朋友"、"大风刮来了"等识字游戏。课堂总结也是一样，教师可以设计一些游戏活动，如"找朋友""开火车""摘苹果""拔萝卜"等。例如，"找朋友"游戏，教师可将一个合体字拆分为两部分，分别书写于两张小卡片上，引导学生将之分组合成为所学字词，从而强化生字记忆，实现寓教于乐的教学目标。

2.启发式总结

启发式一般用在讲读前。精心设计足以启发学生思考的问题，让学生在生疑、质疑、释疑的过程中接受知识，培养学生的思维能力，让学生充分发挥自身的主观意识，建立一个民主的课堂，让学生占据课堂的主体地位，其目的是让学生巩固所学知识，发展学生的探究能力。在课堂教学结尾部分运用启发式总结，是在学生充分领悟课堂讲授知识的基础上，通过教师精心筹划的启发性问题进行课程收尾，将学生的知识储备与应用提升至更高层次，有力地激发学生潜在能力，助力培养自主学习能力。小学生对新知识的接受特别需要以现有经验作为支柱，所以教学中教师应当重视指导学生联系自己的经验，让他们的思维从已知顺利地通向未知。

3.概括式总结

概括式总结是教师课堂中采用率高、较为常见的一种方式，主要由教师来完成。一节课结束时，教师为了让学生较为系统地掌握本节课的内容，要用准确、简练的语言，对该节课的学习内容进行提纲挈领的说明，并对教学重难点和关键问题加以概括、归纳和总结，给学生以系统、完整的印象。通过助力学生深化理解和新知识巩固，进而激发他们保持良好精神状态，为投入下一阶段学习提供动力。概括式总结的方法包括段意归并法、题目扩展法、要素串联法、关键语句链接法等。不同的文体类型，文章要素也不同。例如，叙事类课文，一般都具有时间、地点、人物、事件、起因、经过、结果等基本要素，因此，只要弄清楚这些要素，并加以概括，文章的主要内容就能把握了。

概括以原文的语言材料为基础，但不能照搬、照抄原文语句，也不能对原文内容进行简单摘录，学生要通过自己的归纳、加工、提炼、整理，把文章的主要内容准确而精练地表达出来。在小学语文课堂教学中，教师要高度重视对学生概括能力的培养，此举具有深远意义。其不仅有助于学生深入阅读，增强理解力，也有助于学生精准表达，促进思维发展。

4.悬念式总结

在教育实践中，课堂结尾处的教学策略至关重要。一个优秀的教师会在课程即将结束时，提出一系列富有启发性、趣味性的问题，这些问题往往不做解答，而是留给学生在课余时间去思考和验证。这种方式旨在制造悬念，激发学生探求知识的欲望，从而为下一节课的教学奠定基础。悬念式的总结一般放在第一课时结束时，目的是让学生在课后主动去探求、去寻找答案。在这个过程中，学生不仅能够提高自主学习能力，还能培养独立思考的能力。悬念式的教学方法通过激发学生的学习兴趣，调动他们的学习积极性，使学生在课堂上保持高度的关注和投入。

在实施这一教学策略时，教师需要精心设计问题，确保这些问题既能激发学生的思考，又能与课程内容紧密相连。同时，教师还需关注学生在课余时间的思考进展，以便在下一节课开始时，能够有效地引导学生分享和交流他们的想法。通过这种悬念式总结的教学方法，教师可以引导学生逐步形成探究式学习习惯，使他们更加关注学术问题，从而提高整体教学质量。此外，这种教学方式还有助于培养学生的团队合作精神，因为在寻找答案的过程中，他们会相互讨论、分享思路，共同解决问题。

5.谈话式总结

谈话式总结是师生共同总结的方式，教师会让学生谈谈本节课的收获，通过学生的回答来检测学生学习的情况，这种方法突出了学生的地位，尤其是在强调素质教育的今天，对培养学生的能力是大有裨益的。先由每个学生自己进行小结，教师指定某个学生起立作答，要求学生说明本堂课学到了哪些知识、重点是哪些内容、对自己而言难点包括哪些知识、与旧知识有何联系等。然后教师予以指正、阐述，并设定要求，概括总结方式将教师单独进行总结转变为课堂上的集体总结，不仅有利于提升学生的概括与抽象思维能力，还有助于提升学生的语言表达能力。

6.梳理式总结

梳理式总结是多数教师喜欢采用的方式，在教育过程中，课堂总结环节的重要性不言而喻，它有助于学生对课堂内容进行系统理解和掌握，从而提高学习效果。在每节课的结束阶段，教师需要引导学生运用精确、简洁的语言，对课程内容进行提纲挈领式的阐述。此外，对教学重难点和关键问题的概括、归纳和总结也是必不可少的，这一过程通常需要3~5分钟。

为了实现高效的课堂总结，教师可以采取以下方式：①板书，通过板书，教师可以将课程重点内容以简洁、直观的形式呈现给学生，有助于学生对知识点的理解和记忆；②课件，运用现代教育技术手段，如课件，可以让学生在短时间内获取丰富的信息，提高学习效率；③笔记本，教师可以要求学生在笔记本上列出课程主要内容，从而培养学生的自主学习和总结能力；④互动讨论，在课堂总结环节，教师可以组织学生进行互动讨论，让学生在交流中加深对知识的理解和巩固；⑤提问答疑，教师可以针对学生的疑问进行解答，帮助学生消除困惑，确保他们对课程内容的理解；⑥实践操作，对于实践性较强的课程，教师可以安排学生在课堂上进行实际操作，从而让学生在实践中巩固知识。

7.拓展延伸式总结

拓展延伸式总结是一种教学方法，其核心理念在于在学生已经熟练掌握现有知识的基础上，对所学内容进行进一步的延伸和拓展，这种方法旨在通过深入启发学生思考，使他们对问题有更深刻的理解，从而拓宽视野，培养学生举一反三的能力。

（1）拓展延伸式总结有助于巩固学生已学知识。在学习过程中，让学生对已掌握的知识进行回顾和整理，可以加深他们对知识的理解，使之更加系统化，学生在面对问题时能更快地找到解决方法，从而提高了解决实际问题的能力。

（2）拓展延伸式总结有助于激发学生的求知欲。当教师对所学内容进行延伸和拓展时，学生会发现知识的海域是如此广阔，自己还有许多未曾涉足的领域，这种发现会使学生产生浓厚的好奇心，激发他们去探索更多的知识，从而培养起持续学习的动力。

（3）拓展延伸式总结有助于培养学生的创新思维。在延伸和拓展的过程中，教师会引导学生从不同角度去思考问题，启发他们发现问题的本质，这种思维方式有助于学生突破固有思维模式，培养出创新的思维方式，为将来的创新实践奠定基础。

（4）拓展延伸式总结有助于提高学生的综合素质。通过延伸和拓展，学生不仅能够学到更多的知识，还能学会如何将所学知识应用于实际问题中。这种能力的培养，有助于提高学生的综合素质，使他们能在未来的工作和生活中更好地应对各种挑战。

8.习题训练式总结

习题训练式总结是一种教学方法，其主要目的是帮助学生巩固课堂所学知识。这种方法通过设计一定数量的填空题、选择题、材料题和问答题，引导学生积极参与，从而达到巩固知识、提高学习效果的目的。在教学过程中，教师可以根据不同的教学内容和课型，灵活运用各种总结方法，使课堂变得更加生动有趣。

（1）填空题是一种有效的习题训练方式。通过设计针对性强的填空题，教师可以让学生在完成题目的过程中，回顾和巩固所学知识。填空题的设计要注重知识点之间的联系，让学生在填补空缺的过程中，形成完整的知识体系。

（2）选择题是另一种受欢迎的习题类型。选择题既能检验学生对知识的掌握程度，又能培养学生的判断力和分析能力。教师在设计选择题时，应注意题干简洁明了，选项设置具有迷惑性，以便让学生在选择答案的过程中，可以深入理解和记忆相关知识点。

（3）材料题是一种富有挑战性的习题形式。通过阅读材料，学生需要运用所学知识去分析问题、解决问题，这种题型有助于培养学生的阅读理解能力、信息提取能力和思维创新能力。教师在设计材料题时，要注重选取与教学内容密切相关的材料，让学生在解答问题的同时，提高自己的综合素质。

（4）问答题是一种综合性较强的习题类型。教师可以针对课堂所学内容，设计一系列具有启发性的问题，引导学生进行深入思考。问答题可以帮助学生巩固知识体系，提高自己的逻辑思维和表达能力。在设计问答题时，教师应注重问题的层次性和连贯性，从而让学生在回答问题的过程中，感受到学习的乐趣。

第五节　高质量发展视域下的语文课堂建设

近年来，随着中国社会经济的快速发展和教育事业的不断深化，教育领域对于小学语文课堂建设的要求也日益提高。在高质量发展的理念引领下，小学语文课堂的建设已经超越了简单的知识传授，更加注重培养学生的综合素养和能力。高质量发展是指在充分发挥资源优势、提升综合实力的基础上，追求更高水平的发展。在小学语文课堂建设中，高质量发展不仅仅意味着学生学习成绩的提升，更重要的是培养学生的综合素养和能力，促进其全面发展。

一、构建多元的教学内容

在追求高质量发展的观念下，小学语文课堂的教学内容和形式必须呈现出多样性，不仅要重视传统文化的传承，还需关注当代社会的发展趋势。在教学内容方面，可以从经典文学作品、现代散文、报刊等多种文本类型中进行选择，引导学生去领悟人生的意义、认知社会的变迁、拓展思维的广度。而在教学形式方面，则可采用小组讨论、角色扮演、情景模拟等多种方式，以激发学生对学习的热情，提升他们的参与度和主动性。

教学内容的多元化是构建高质量语文课堂的核心。经典文学作品承载着丰富的人文内涵和历史文化积淀，通过解读这些经典作品，学生可以深入了解传统文化的精髓。同时，现代散文、报刊等作品则更贴近当代社会，能够帮助学生认知当下社会的发展脉络，从中汲取智慧。综合利用不同类型的文本，有助于学生在语文学习中形成多元化的思维方式，培养他们的综合素养和文学鉴赏能力。

教学形式的多样性对于激发学生的学习兴趣至关重要。小组讨论可以促进学生之间的互动和合作，让他们在交流中共同探索问题的解决方案；角色扮演则可以让学生身临其境地感受文学作品中的情境，增强对作品的理解和体验；情景模拟则是将学生置身于具体的情境中，让他们通过模拟现实生活中的场景来掌握语言运用的技巧和情境应对的能力，这些多样化的教学形式不仅能够激发学生的学习兴趣，也能够提高他们的思维能力和实践能力，培养他们的创新意识和团队合作精神。

因此，构建多元化的小学语文课堂，既要注重传统文化的传承，又要关注当代社会的发展需求。教师应该根据学生的实际情况和学习需求，灵活运用不同类型的文本和多种教学形式，激发学生的学习兴趣，提升他们的综合素养和实践能力，为他们的全面发展奠定良好的基础。

二、培养学生的阅读能力

在小学语文课堂建设中，阅读的重要性不言而喻，它既是语文学习的基石，又是培养学生综合素养的关键所在。在追求高质量发展的视角下，注重培养学生的阅读能力至关重要，这种能力不仅包括对文字的理解和识别，更重要的是培养学生的阅读兴趣和阅读策略。因此，在课堂教学中，教师应当着重设计丰富多彩的阅读任务，以引导学生深入思考、积极探索，从而帮助他们建立正确的阅读态度和方法，最终提升他们的阅读水平。

第一，教师可以通过多样化的阅读内容来激发学生的阅读兴趣。例如，引入各种文学作品、科普读物、历史故事等不同类型的阅读材料，以满足学生多元化的阅读需求。同时，教师还可以结合学生的兴趣爱好，选择与之相关的阅读素材，从而增强学生的阅读动力。

第二，教师在设计阅读任务时应当考虑任务的多样性和启发性。除了传统的阅读理解题，还可以设置一些思辨性、探究性的阅读任务，引导学生在阅读过程中思考问题、解决问题，培养他们的创新能力和批判性思维。

第三，教师在引导学生阅读时应当注重培养他们的阅读策略，这包括教导学生如何利用上下文信息推测词义、如何运用各种阅读技巧提高阅读效率等。通过系统的指导和实践，学生可以逐渐形成自己的阅读方法，提高阅读的准确性和速度。

第四，教师还应当关注学生的阅读体验，并及时给予肯定和反馈，这样可以增强学生对阅读的积极情感，促进他们对阅读的持续投入。同时，教师还可以通过定期的阅读能力评估，及时发现学生的阅读问题，并针对性地进行指导和辅导。

总而言之，在小学语文课堂建设中，培养学生的阅读能力应当是一个重要的教育目标。通过教师的精心设计和指导，学生可以逐步提升阅读水平，从而更好地应对学习和生活中的各种阅读需求。

三、提升写作的表达能力

在小学语文课堂建设中，写作扮演着至关重要的角色，不仅是语文学习的重要组成部分，还是培养学生综合素养的关键途径。在高质量发展视域下，应当加强对写作教学的重视，以提升学生的表达能力为目标。教师可以采用多种方式来实现这一目标，包括但不限于讲解写作技巧、展示范文示范、组织写作活动等。

第一，教师在课堂上可以系统地讲解写作的基本技巧和方法。通过理论讲解，学生可以了解到写作的结构、语言运用、文体特点等方面的知识，从而为他们后续的写作实践提供基础和指导。

第二，教师可以通过展示优秀范文的方式激发学生的写作兴趣。通过阅读和分析优秀作品，学生可以感受到优秀作品的魅力，从而激发出对写作的热情和动力，以争取达到或超越这样的水平。

第三，教师还可以组织各种形式的写作活动，如写作比赛、小组合作写作等。通过这些活动，学生不仅可以在实践中巩固所学的写作技巧，还可以培养合作意识和团队精神，提升综合素养。

总而言之，小学语文课堂的写作教学应当以提升学生的表达能力和综合素养为核心目标。教师在实践中应当注重引导学生掌握写作的基本方法和技巧，激发他们的写作兴趣，提升他们的写作水平。

四、加强师资队伍的建设

小学语文课堂的教学质量在很大程度上取决于教师的专业水平和教育能力。在追求高质量发展的视角下，必须加强教师队伍的建设，以提升他们的教育水平，这种建设不仅包括提高教师的学历和职称水平，更加重要的是要注重教师的教育理念和教育方法。教师需要不断地提升自身的教育水平，不断改进教学方法，积累丰富的教学经验，以更好地适应高质量发展的需求，更好地为学生的全面发展提供保障。

第一，提升教师的学历和职称是教育系统中的一项重要举措。通过提供更多的学习机会和培训资源，教师可以获得更高的学历和更高级别的职称，从而增强其专业知识和技能，这不仅可以提高教师的教学水平，还可以激励他们在教育事业中持续进步。

第二，教育理念和教育方法的更新与完善同样至关重要。教师需要不断地审视和反思自己的教育理念，积极借鉴和吸收国内外先进的教育理念和教学方法，以适应不断变化的教育需求和时代发展的要求。通过不断地创新和实践，教师可以不断提升自己的教育水平，更好地引导学生的学习和发展。

第三，教师需要不断地积累和丰富自己的教学经验。通过参与教学实践和教学研究，教师可以不断总结经验，发现问题，并及时调整和改进教学方法，这不仅可以提高教学效果，还可以增强教师的教学信心和专业素养，从而更好地为学生的全面发展提供支持和保障。

总而言之，提升小学语文课堂的教学质量需要教师队伍的共同努力和不懈奋斗。只有加强教师的专业水平和教育能力建设，才能更好地适应高质量发展的要求，为学生的全面发展提供更好的教育保障。

五、增强与家长沟通合作

在关注高质量发展的视角下，小学语文课堂的构建不仅需要充分重视家庭这一重要环境，还需要将家庭与学校之间的沟通与合作作为促进学生语文素养培养的重要支撑。因此，教师应当积极加强与家长的互动，建立良好的合作关系，以共同推动学生语文能力的全面提升。

第一，教师可以通过定期举办面对面的家长交流会来加强与家长的沟通。在这样的交流会上，教师可以向家长介绍学生的学习情况和表现，包括学习成绩、学习态度、学习习惯等方面的情况。同时，教师也可以就学生在语文学习中遇到的问题与困难进行详细介绍，征求家长的意见和建议，以便共同探讨解决方案，为学生的语文学习提供更加有针对性的支持。

第二，教师可以通过电话、短信、电子邮件等多种形式与家长进行及时的沟通。通过这些方式，教师可以随时向家长反馈学生的学习情况，及时解答家长的疑问，共同关注学生的学习进展。此外，教师还可以借助现代化通信工具，向家长提供一些学习资源和建议，帮助家长更好地引导和支持学生的学习。

第三，教师还可以利用家长会、家长课堂等形式，邀请家长参与到课堂教学和学校管理中来。通过这样的形式，家长可以更加直观地了解学校的教学理念和教学方法，更好地配合学校的教育教学工作，共同为学生的成长和发展营造良好的学习环境。

总而言之，加强与家长的沟通与合作对于促进小学生语文素养的培养和发展具有重要意义。只有学校和家庭共同努力、密切配合，才能为学生提供更加全面和个性化的语文教育，使他们在语文学习中取得更好的成绩，更好地实现自身的发展目标。

六、建立有效的评价体系

在小学语文课堂的高质量发展过程中，评价扮演着至关重要的角色，它不仅是教学活动的重要环节，还是促进教学质量持续提升的关键所在。为了确保教学的有效性和学生的全面发展，建立一个有效的评价体系至关重要，这个评价体系应该不仅仅涵盖学生学习成绩的评价，更应着重于对学生综合素养和能力的全面评估。在小学语文评价体系中，教师可以采取多种手段和方式，包括但不限于定期组织考试、作业评比以及课堂表现评价等，这些手段的结合运用能够全面客观地评价学生的学习情况，并为提升教学质量提供有效的依据和保障。

第一，定期组织考试是评价学生学习成绩的重要手段。通过考试，教师可以客观地了解学生对所学知识的掌握程度和学习成果，及时发现存在的问题和不足，并针对性地进行教学调整和补充。同时，考试也可以激发学生学习的积极性和主动性，促使他们更加认真地学习和复习课堂知识。

第二，作业评比是评价学生学习情况的重要途径之一。通过对学生书面作业的认真批改和评价，教师可以了解学生的学习态度和学习习惯，发现他们在学习过程中存在的问题，并及时进行指导和帮助。同时，作业评比还可以促进学生之间的竞争与合作，激发他们的学习兴趣和学习动力，进而提高学习效果和学习质量。

第三，课堂表现评价是评价学生综合素养和能力的重要方法。通过对学生在课堂上的表现进行观察和评价，教师可以了解学生的思维方式和学习态度，发现他们的优点和特长，并对其进行及时的肯定和鼓励，从而激发他们的学习潜力和创造力。

总而言之，在小学语文课堂的建设中，建立有效的评价体系是非常必要的，这个评价体系应该全面客观地评价学生的学习情况，为教学质量的提升提供有效的依据和保障，从而促进教育教学工作的持续改进和发展。

七、培养批判性思维与创新精神

在高质量发展的视角下，重视培养学生的批判性思维和创新能力显得尤为迫切。教师在这一过程中扮演着关键的角色，他们可以通过诸如讨论课、辩论赛、作文比赛等多样化的活动来引导学生深入思考问题，勇于提出观点，自信地表达见解。这样的教学手段不仅能够激发学生的思维活跃性，还能够培养他们的批判性思维和创新能力。

第一，通过开展讨论课，学生有机会与同学们一起深入研讨某一主题或问题，从不同角度思考，交流彼此的见解和观点。在这个过程中，学生不仅能够学会倾听他人、尊重他人的观点，还能够培养自己的批判性思维，学会从多个角度审视问题，形成自己独立的见解。

第二，辩论赛是培养学生批判性思维和创新能力的有效途径。通过参与辩论，学生需要深入研究并准备自己的立场，同时需要理解并回应对手的观点，这不仅需要他们有扎实的知识储备，还需要他们有良好的逻辑思维和表达能力。在辩论的过程中，学生将面对各种挑战和质疑，这种挑战能够激发他们思维的活跃性，培养他们解决问题的能力，进而提高他们的批判性思维水平。

第三，作文比赛是培养学生创新精神的重要方式。在作文比赛中，学生可以自由发挥想象力，表达自己独特的见解和观点。通过这样的活动，学生将学会如何将自己的思想和观点通过文字清晰地表达出来，培养他们的创新能力和表达能力，从而为他们未来的学习和生活奠定坚实的基础。

总而言之，批判性思维和创新精神是当今社会所需的重要素养之一，教师应当充分重视培养学生的批判性思维和创新能力。通过开展讨论课、辩论赛、作文比赛等活动，教师可以有效地引导学生思考问题、提出观点、表达见解，从而为他们未来的发展奠定坚实的基础。

第四章 专业发展视域下的语文高效课堂构建

在专业发展视域下的构建语文高效课堂，应注重识字、阅读与写作、口语交际等方面，以提高学生的语文素养和综合能力为主要目标，教师需要具备丰富的学科知识、教学经验和教育技能，并不断更新教育理念和教学方法。鉴于此，本章主要研究语文高效课堂的体系认知、语文识字高效课堂的构建、语文阅读与写作高效课堂的构建、语文口语交际高效课堂的构建、教师专业发展视域下的语文高效课堂构建。

第一节 语文高效课堂的体系认知

高效就是在比较短的时间里，用比较小的投入，得到尽量大的效率效益。作为有效教学领域的内容，高效课堂也被称为"理想课堂"，是高效型课堂、高效性课堂的简称，不同于有效课堂、低效课堂、无效课堂和负效课堂，高效课堂集中体现了一种目标和追求。通常而言，那些能够取得较高的教学效率或教学效果、能够达到一定目标的课堂，即所谓的"高效课堂"。高效课堂是指在有效课堂的基础上，实现教学任务的高完成度、教学目标的高达成效率，同时展现出较高的教育教学影响力，取得良好社会效益的课堂。作为有效课堂的升华，高效课堂的起源在于高效教学。

一、高效课堂的主要维度

第一，解惑。教育者需要具备的基本能力是解答学生在学习过程中的疑惑，这不仅是构建高效课堂的基础，也是确保学习顺利进行的前提条件。因此，教师必须明确一个思想，即学生的课前预习实质上是提出疑惑的过程。

第二，强化。自主学习环节后，学生可能对知识有一个整体的感知，却无法准确辨别知识中的重难点内容，更难以做到准确掌握，课堂强化过程显得尤为必要。在进行强化时，需要坚持针对性和重点性的基本原则，而不是陷入机械性的重复过程。重点应放在变化思维的凸显上。此外，强化形式也应多样化，包括但不限于重点讲解、课堂练习以及合作讨论等。

第三，概括。概括是高效课堂的重要因素，它本质上是对知识的简化过程，能够使核心内容进一步突出，而核心体现的正是能力。因此，概括在课堂教学中占据着重要地位。具体而言，概括可以通过一句话、一幅图、主题词等方式实现。

第四，总结。总结直接体现了知识的层次性、系统性和逻辑性。因此，在一个知识单元中经常会使用总结，而每一节课则通常使用"节的概括"。总结的过程旨在帮助学生将学习内容组织成一个有机的整体，加深对知识的理解和记忆，促进知识的内化和应用。因此，概括与总结过程使教师的高级劳动得到了升华，而解疑与强化则集中体现了教师的初级劳动。与此同时，在解疑与强化、概括与总结的过程中，学生则逐渐建立起了完整的知识体系，更重要的一点在于，师生在整个教学活动中的良性互动与沟通也是高效课堂实现的重要保障。

二、高效课堂的根本要求

（一）知情并重、面向全体与关注个体

课堂教学既要有效地传递教学内容，又需要在情感层面促进师生的融洽，这就是"知情并重"。相对于信息交流，师生在教学过程中的情感交流更重要。在促进师生互信关系、提升学生学习情感方面，教学过程应当发挥关键作用。高效课堂实现的基本前提，在于课堂上知识与情感的和谐统一。

"面向全体"指的是教师在课堂上的教学意识与行为（如教学方式的设计、教学进度与难度、教学重难点、教学内容和教学目标等）要具有强烈的开放性，其教学对象为全体学生，这种全体意识要贯穿于教学全过程。在教学过程中，教师要根据对学生课堂表现的关注以及对全体学生学习状态的观察，为学生创造符合个性化发展目标的课堂机会，如表现机会、提问机会、表达机会、思考机会和阅读机会等。通过这种方式，教师和同学的及时帮助、指导与激励能够更好地服务于学生的课堂学习。因而，相较于面向个体的教学，教师应当将尽可能多的课堂时间投入对全体学生的教学过程中。

"关注个体"是相对于"关注全体"的一个概念，意思就是说在保证关注全体大方向不变的情况下，要对教学活动中的独立个体予以高度关注。只有这样，才能准确把握学生在课堂教学中的阅读难度、听课与练习难度，从而进行针对性和有效性的指导与帮助，才能为"感悟课堂、体验课堂和表现课堂"的形成提供契机，只有坚定学生的学习自信，为学业基础相对薄弱、学习能力劣势显著的学生提供成绩提升的平等契机。

（二）目标明确、重点突出与难点突破

明确的目标是一种未来概念，即教师在完成教学设计和开展教学实践时的努力方向，也是其教学的最终目标。这里的目标既体现在知识层面，也体现在情感层面。为此，就需要妥善解决实施过程中的两大问题：①情感目标的设定方式和实现方式；②知识目标的确定方式和达成途径。教学目标展示的准确性要建立在口头表达的基础之上，并外化为文字；主要目标的实现需要集中主要力量来进行支持，同时目标必须符合相应的简约化要求，与之相对应的次要目标的实现要充分利用课堂练习环节或其他更简洁的手段；目标的层次化为学生选择学习目标赋予了更为丰富的可能性与自主性，同时，层次化目标的设定为分层教学理论奠定了基础，有力地促进了因材施教与班级授课制的统一性、互动性。

"重点突出"是集中精力来解决一节课中的1～2个教学重点；"难点突破"是突破教学过程中的知识难点和学生的学习难点，它集中体现了课堂教学的价值，也有助于学生学习能力和学习效益的双重提高。

（三）先学后教、讲练结合与双重训练

先独立学习、后合作完成，先学生自学、后教师教学，先学生思考、后引导点拨等，都是"先学后教"的呈现方式，这里的"先学后教"特指课堂范围内的先学后教。对于教师是否具备教学经验来讲，是采用"先学后教"的方式，还是采用"先教后学"的方式，是非常重要的衡量标准，同时，也是确定一节课堂高效与否的重要判断标准之一。本质上而言，"先学后教"教学方式很大程度上体现了对学生教学主体地位的尊重，所以，依托于"先学后教"教学模式开展的课堂教学，才是民主性的真正体现。在进行实验、练习时，学生享有平等且透明的权益，包括提出疑问、发现问题、改正问题，以及在寻求教师和学生协助、进行课堂阅读活动和自主思考等方面。

　　"讲练结合"中的练是笔头训练和口头训练的合称，而"详尽地讲授与训练、分层次地教授以及使讲授和训练融会贯通"的课堂教学理想状态，即所谓的讲练结合。相对于"精讲多练"这种低效的教学方式，教师的最佳选择应为"精讲精练"，这也是有效促进师生减负、高效课堂实现的有力举措。一方面，"精讲精练、分段讲授、讲练结合"与"五官转换"相符合，因而对记忆理解的进一步强化具有重要的促进作用；另一方面，在"减负增效"方面取得了显著成果。

　　如果想真正掌握某一类型问题的解决思路与方法，则至少需要经过2次相关问题的训练，这就是"双重训练"。例题的存在及其解决思路与方法对应习题的强化训练，同时需要在课堂上有所体现。所以，"练习题"应当成为新课讲解、编写练习、课堂解题训练、记忆训练、思维训练等的呈现形式，通过促使学生的双重训练得到进一步提升，从而实现课堂教学的一次性通过率显著提高，并降低学生承受重复教学的压力。

（四）指令明晰、检评恰当与指导到位

　　"指令清晰"指的就是教师明确、清晰的课堂指令，其结果就是学生能够对单位时间内需要完成的任务，以及任务完成之后将得到教师怎样的检评了如指掌。

　　"检评恰当"就是教师对课堂活动的检查与评价恰如其分。具体来讲，高效课堂中教师认真检查与恰当评价的内容主要涉及教学活动的各个环节、每位学生的个体行为、全班学生的总体表现等。

　　在课堂上，学生的学习是在教师快速、全员和全面的个体指导与互相指导下进行的，即被简称为"指导到位"。通过学生群体的协同效应，教师得以有效地引导学生之间的学习互助，并为各类学生，无论是参与小组学习（一般而言，每个自然学习小组包含4名成员）还是单独学习的个体，提供近距离、面对面的辅导。满足任何一位学生的学习需求，并对其学习过程提供必要的、有效的指导，这是教师课堂责任的直接体现。

（五）参与量广、思维量足与训练量大

　　在课堂教学活动的参与总人数中，学生群体占据较高的比重，即为"参与量广"，而参与度在100%左右的课堂即为理想化的课堂。

　　在教学过程中，旨在激发学生的思维积极性，确保并充分利用情境刺激参与

思维活动的学生数量与思维质量，旨在锻炼和提高学生的思维逻辑性、思维广泛性和思维敏捷性，即为"思维量足"。而确保这一目标的实现，需要做好来年各个方面的工作：首先，学生的思维欲望能够通过教师创设的问题情境得到有效激发；其次，教师提出的问题既要为学生提供难易适中的思考空间，又要保障充分的思考价值。

"训练量大"是指充分且有效地训练全体学生在教学教程中的口头、笔头、手与脑。确保经过教师的指导，即使程度不同，学生也可以进行积极有效的课堂训练，并且相对于原有基础，都能够实现个性化的发展。在"训练量大"目标的实现上，教师对训练内容的精选至关重要；开展形式大多表现为书面练习、实验操作、口头练习等；分层教学策略的实施对于指导和支持不同学生在各自训练任务方面的表现具有显著效果。

三、高效课堂的意义作用

（一）提升教学模式的效果

第一，学习主动性的培养。在高效课堂上，教师变"主导"为"指导"，在教与学的过程中，把主要活动让给学生，只有真正确立了学生在学习过程中的主体地位，学习的主动性才能尽可能地发挥出来。

第二，合作能力的培养。一般而言，学生凭个人能力不可能完成新课的学习及讲解的任务，只有以小组为单位，共同预习，集体准备，各有分工，紧密配合，才能达成本组所接受的教学目标。在这个过程中，小组成员的合作意识必然得以明确，合作能力必定得以养成。

第三，组长的组织能力和协调能力的培养。每个学习小组成员，学习基础参差不齐，个性各不相同，能力各有差异，如何来共同完成一个教学目标，组长发挥着关键作用。只要长期坚持，其组织与协调能力就一定会得到锻炼。

第四，自信心的树立。学习基础好的学生，给全班同学讲课时表现出的自信是明显的；一些学习基础差的学生，通过讲台实践，也看到了自己的能力，看到了自己显著的进步，从而逐步树立起了自信心。

第五，集体观念的形成。高效课堂模式，要求全组，甚至是全班一致努力才能完成一个新教学目标，这在客观上要求学生务必要有整体意识。而且以小组为单位的教学活动无疑也是一种小组整体水平与能力的展示,竞争产生于无形之中,使学生自觉不自觉地产生了集体荣誉感,形成了集体观念。

(二)提升教师的教学质量

高效课堂构建,有利于全面提升教育教学质量,而提升教学质量,在于调动学生与教师两个方面的积极性。以"自学自教,小组协作"模式与"和谐互助课堂"模式为例。

在小组互动教学过程中逐步形成的"自学自教,小组协作"模式与"和谐互助课堂"模式中,其源于教师本人的教学实践和教改实践,具有教师的个性化特色,把学生的主动性参与发挥到最大化,极大地调动了学生的热情,也使得教师不论是在课程的总体把握,还是具体教学细节的设计,都有一定的高度、深度和广度,很好地适应了当下教育教学的现状与需要。"自学自教,小组协作"模式大面积调动学生参与教学过程,以小组为单位,预习准备,自我组织、自我设计,课上学生占据讲台,"小助教"把握总体教学程序,轮值小组一人讲解,其他成员各有分工,全体活动,教师在关键处点拨、提示,当下反馈,组内解决,极大地调动了学生的学习热情,培养了学生的学习意识、学习能力,形成一套"推优"的机制,更适应学习基础较好的班级实行。

"和谐互助课堂"模式,在学生大面积参与的前提下,把关注点放在了学习基础较差的学生身上,让这部分学生当堂在小组内讲解所学新的知识点,以便及时反馈,帮助他们基本弄懂弄通,培养了集体主义精神,提高了自信心,形成一套"助困"机制,更适应学习基础较差的班级实行。

总而言之,教师们积极参与教学改革,各显其能,共同打造着高效课堂模式,其基本特点是使课堂显现了灵动性、鲜活性。

(三)符合教师的发展需要

高效课堂教学对教学方法有较高层次的要求,体现着学校办学水平的新高度,是对教师教学能力进行有效评价的好办法,理应成为每一位教师实现自我价值的基本追求。实施高效课堂教学,需要教师有过硬的教学基本功和专业知识做支撑,而实施的过程,必将会对教师的专业发展起积极的促进作用,这正好满足了教师专业发展的需要,为教师们提供了施展才能、实现抱负的理想平台。

第二节　语文识字高效课堂的构建

语文识字是小学阶段语文学习的基础，对学生的语言表达能力、阅读理解能力和写作能力等方面都有着重要的影响。构建高效的小学语文识字课堂，既是教师的责任，也是教育改革的需要。小学语文识字课堂的教学目标应该明确具体，以便教师能够有针对性地开展教学活动，这包括确定每节课的主题和核心词汇，明确学生应该达到的识字水平和词汇量等。例如，教师可以给学生设定每周学习10个新词的目标，通过有条理的教学计划与课堂活动，助力学生逐步扩充词汇储备。在课堂教学中，学生的积极参与是构建高效课堂的关键。教师可以采用多种形式的教学活动，如游戏、小组讨论、角色扮演等，激发学生的学习兴趣和主动性。此外，教师还应该关注每个学生的学习情况，根据不同学生的特点和需求，采取差异化的教学策略，确保每个学生都能够充分参与到课堂活动中。小学语文识字高效课堂的构建主要包括以下几方面：

一、词汇呈现与运用

在教育过程中，识字教学一直是语文学科的重点和难点。为了提高学生识字的记忆和理解能力，教师可以采用多种形式的词汇呈现和运用，这样的方法不仅能够丰富教学手段，还能激发学生的学习兴趣，提高他们的学习效果。

第一，教师可以运用形象化的方式呈现词汇，如图片、视频、故事等，这种方式具有直观、生动的特点，能够帮助学生将词汇与实际事物相结合，从而加深对词义和用法的理解。例如，在教授"森林"这个词汇时，教师可以展示一片茂密的树林图片，让学生直观地感受到"森林"的概念。此外，还可以通过讲述与词汇相关的故事，让学生在聆听故事的过程中，自然地理解和记忆词汇。

第二，设计各种词汇游戏和活动，让学生在轻松愉快的氛围中学习词汇。例如，填词游戏可以让学生在给定的语境中，根据词义和用法填写合适的词汇，这种游戏既能检验学生对词汇的掌握程度，又能提高他们的应用能力。另外，词语接龙活动也能有效锻炼学生的词汇记忆和运用能力。在这种活动中，学生需要快速地给出与前一个词语相关的新词语，从而激发他们积极地去思考和运用所学词汇。

第三，教师还可以利用课堂外的资源，如图书馆、网络等，为学生提供更多的学习素材。通过阅读、查找资料等方式，让学生在实际应用中巩固和拓展词汇。同时，鼓励学生参加各类写作、演讲比赛，将所学词汇运用到实际作品中，提高他们的词汇运用能力。

第四，教师要关注学生的个体差异，因材施教。对于不同程度的学生，可以设计不同难度的词汇学习任务，使他们在原有基础上得到提高。同时，注重培养学生的自信心，鼓励他们克服学习中的困难，相信自己有能力掌握和运用更多词汇。

二、生字拆解和联想

在我国的小学语文教学中，生字的拆解和联想被视为高效课堂教学的重要策略，这是因为这种方法不仅能够帮助学生深入理解词语的含义，还能够有效提升他们的词汇应用能力。

第一，教师通过引导学生分析词语的结构和构成部分，使他们对词语有更全面的理解。这种方式让学生了解到，每个词语都是由多个部分组成的，这些部分相互关联，共同构成了词语的意义。通过分析词语的结构，学生可以更深入地理解词语的内涵和外延，从而提高他们的语言理解能力。

第二，生字之间的关联和联想是拓展学生字词网络的重要手段。在教学过程中，教师可以引导学生发现生字之间的共同点和不同点，让他们通过比较和联想，将新学的生字融入已有的字词网络中。这样，学生的字词网络就会不断拓展，他们的词汇量也会随之增加。

第三，生字拆解和联想的方法还能提高学生的字词应用能力。通过这种方法，学生不仅可以更好地理解和记忆生字，还能够将所学到的生字运用到实际生活中。这对于提高学生的语言表达能力，以及他们在日常生活和学习中的阅读和写作能力都有着重要的作用。

三、利用多媒体资源教学

随着信息技术的飞速发展，多媒体资源在我国语文教学领域中的应用日益广泛。多媒体资源不仅能够丰富课堂教学内容，提升教学效果，还能够激发学生的学习兴趣和积极性。在这个背景下，教师可以运用多种多媒体工具，如电子词典、词语动画、语音朗读等，来呈现词汇的发音、造句和用法，从而帮助学生更加直观地理解和掌握生字知识。

第一，多媒体资源在语文教学中的应用有助于提高学生的学习兴趣。过去，课堂上的教学手段主要以课本和黑板为主，这种单一的教学方式容易使学生感到枯燥无味。而多媒体资源的引入，使得教学形式变得更加丰富多彩，让学生可以在轻松愉快的氛围中学习。例如，通过播放与课文内容相关的动画、影片等，让学生在视觉和听觉上感受到语文的魅力，进而激发他们对语文学科的热爱。

第二，多媒体资源有助于强化学生的记忆。利用多媒体资源展示词汇的发音、造句和用法，可以使学生在直观的视觉和听觉体验中加深对词汇的理解和记忆。例如，在电子词典中，词汇的发音、例句等都以音频和视频的形式呈现，让学生在反复聆听和观看的过程中，更容易记住词汇的拼写、意义和用法。这种直观的学习方式，有助于提高学生的学习效率。

第三，多媒体资源能够培养学生的综合素质。在语文教学中，通过多媒体资源展示文学作品、作者简介、历史背景等信息，有助于拓宽学生的知识面，增加他们的文化底蕴。同时，多媒体资源的运用还能够锻炼学生的审美、创新等多方面的能力。例如，在欣赏文学作品的相关影片时，学生可以从视觉、听觉等方面去感受作品的艺术魅力，从而提升自己的审美能力。

总而言之，多媒体资源在语文教学中的应用具有诸多优势。在今后的教学实践中，教师应充分认识多媒体资源的重要性，合理运用多种多媒体工具，丰富课堂教学手段，提高教学效果，为培养具有全面素质的新时代人才贡献力量。同时，教育部门也应加大对多媒体资源研发和推广的投入，为语文教学创造更加有利的条件。

四、课堂评价与反馈机制

第一，及时反馈。教师应该在课堂上及时有效地发现和解决学生的学习困难。为了实现这一目标，教师可以采用各种形式的评价工具，如测验、作业、口头问答等，来评估学生的识字掌握情况，这些评价工具可以帮助教师全面了解学生的学习状况，从而更好地指导他们的学习。同时，教师应该及时向学生反馈评价结果，指导他们进行识字的巩固和提高。通过及时的反馈，学生可以了解自己的学习成绩和不足之处，有针对性地进行学习调整，从而提高学习效果。

第二，差异化评价。由于学生的学习水平和能力存在差异，教师在评价学生的识字掌握情况时应该采取差异化的评价策略，这包括根据学生的学习特点和需求，设计不同难度和形式的评价任务。例如，对于识字能力较强的学生，可以设置更具挑战性的评价任务，以激发其学习兴趣和提高其学习动力；而对于识字能力较弱的学生，则可以设计更为简单和易于理解的评价任务，以帮助他们逐步提升识字能力。通过差异化评价，教师可以更好地满足不同学生的学习需求，确保每个学生都能够得到有效的评价和指导，实现个性化的学习支持。

总而言之，构建小学语文识字高效课堂，既需要教师具备扎实的语文教学理论和丰富的教学经验，也需要不断探索和创新。通过明确教学目标、激发学生参与、采用有效的教学策略和利用多媒体资源，可以提高课堂教学效果，促进学生的语文学习。同时，建立及时有效的课堂评价和反馈机制，有助于教师及时发现学生的学习问题，指导他们进行针对性的学习和提高。

第三节　语文阅读与写作高效课堂的构建

一、语文阅读高效课堂的构建

语文阅读是小学语文教学中至关重要的环节。随着时代的发展和教育理念的更新，构建高效的小学语文阅读课堂成为教育工作者和家长关注的焦点之一。构建语文阅读高效课堂有助于培养学生良好的阅读习惯和方法，提高学生语文素养，促进学生全面发展。同时，高效课堂也能够激发学生的学习兴趣，增强他们的学习动力，从而提升教学效果。

（一）语文阅读高效课堂构建的目标

第一，提高学生的阅读理解能力。构建高效的课堂环境，培养学生深入思考、准确理解文章内容的能力，已成为教学实践中的重要策略，这一目标的实现不仅需要教师精心设计课堂内容和教学方法，还需要学生在学习过程中的积极参与和思考。通过针对性训练和反复练习，学生可以逐渐提升其阅读理解水平，从而更好地应对日常学习和生活中的各种阅读挑战。

第二，培养学生的阅读兴趣。丰富多彩的教学方法，如游戏化教学、小组讨论、朗读比赛等，可以吸引学生的注意力，激发其对阅读的兴趣。同时，生动有趣的教学内容也是激发学生阅读兴趣的重要途径。教师可以选取与学生年龄和兴趣相适应的文学作品、科普读物等，通过多样化的阅读材料满足学生的个性化阅读需求，从而使他们乐于阅读、愿意主动参与阅读活动。

第三，培养学生的阅读技能。通过系统的教学安排和针对性的训练，可以帮助学生提高阅读速度、准确性和流畅度。例如，教师可以引导学生掌握一些阅读技巧，如快速浏览、提取关键信息、推断上下文意思等，以提升其阅读效率和理解能力。同时，通过大量的阅读实践和阅读理解训练，学生可以逐步培养良好的阅读习惯和技能，从而更加轻松地应对各种阅读挑战。

第四，促进学生的综合素养发展。在阅读过程中，学生不仅可以提升语言表达能力，还可以培养批判性思维、创新思维等重要能力。同时，阅读还能够影响学生的情感态度和审美情趣，帮助他们更好地理解人生、塑造人格。因此，通过精心设计的阅读课堂，可以促进学生全面发展，提高其综合素养水平，为其未来的学习和生活奠定坚实的基础。

（二）语文阅读高效课堂构建的原则

第一，以学生为主体。课堂教学应以学生为中心，致力于满足他们的需求和特点，尊重并重视他们的个性差异，以激发学生的学习主动性和创造性。在这种教学理念下，教师应充分了解学生的背景、兴趣和学习风格，以便更好地调整教学策略和方法，使之更贴近学生的实际情况。同时，教师应以鼓励学生参与、发表观点和提出问题为目标，营造出一种互动性强、富有活力的教学氛围。

第二，多元化教学手段。教师应该灵活运用各种教学手段和方法，如讲授、讨论、练习、游戏等，以丰富课堂内容，使之生动活泼、丰富多彩。通过引入多种教学活动，教师能够吸引学生的注意力，增强他们的参与度，从而提高教学效果。例如，通过小组讨论或角色扮演等方式，学生可以在互动中深化对知识的理解，提高问题解决能力和团队合作意识。

第三，知识与能力并重。教师不仅要注重知识的传授，还应该注重能力的培养，促进学生全面发展，实现知识、能力、情感和态度的统一。因此，教学内容的设计应该既考虑到学科知识的传授，也要注重培养学生的分析思维、创新能力和解决问题的技能。通过设计各种启发性的教学任务和实践活动，教师可以帮助学生将所学知识运用到实际生活中，提高他们的综合素养和应对现实问题的能力。

第四，循序渐进。根据学生的学习特点和阅读能力，教师应该循序渐进地组织教学内容，分步骤、分层次地进行教学，以确保教学效果。在教学过程中，教师可以根据学生的学习进度和理解程度，适时调整教学计划和内容，确保每个学生都能够跟上教学的节奏，完成预期的学习目标。同时，循序渐进的教学方法也有助于帮助学生建立起扎实的知识体系，形成良好的学习习惯和思维方式，为他们未来的学习和发展奠定坚实的基础。

（三）语文阅读高效课堂构建的策略

第一，设计丰富多彩的教学内容。教师需要精心挑选生动有趣、具有一定文学价值的课文或文章作为教学素材，这些内容不仅能够吸引学生的注意力，而且能够注重情感、思想和审美等方面的培养。通过选择富有情感共鸣、引人入胜的文学作品，教师能够激发学生的情感共鸣，引导他们深入思考作品背后的深层含义，从而达到提升学生综合素养的教育目的。

第二，创设轻松愉悦的学习氛围。通过在课堂上营造轻松愉悦的氛围和生动有趣的教学活动，教师能够帮助学生建立起积极向上的学习态度，激发他们学习的兴趣和热情。例如，可以通过小组讨论、角色扮演、游戏互动等形式，让学生在轻松愉快的氛围中进行学习，从而提高学习效率和学习质量。

第三，注重阅读技能的培养。通过词语解释、句子分析、段落归纳等方式，教师可以引导学生掌握阅读的基本技能和方法，提高其阅读的效率和质量。通过系统的阅读训练，学生可以逐步提高阅读理解能力，提升对文本的把握能力。

第四，引导学生深入思考。通过提出问题、展开讨论、开展思维导图等方式，教师可以激发学生的思维活跃性，引导他们深入思考问题，积极探索答案，这种引导可以培养学生的批判性思维和创新意识，提高其思维能力和解决问题的能力，使其具备更强的综合素养。

第五，注重个性化辅导。针对学生的学习情况和阅读能力，教师需要采取个性化的辅导措施，进行针对性的辅导和指导，以提高学生的学习效果。通过了解每个学生的特点和需求，教师可以有针对性地进行辅导，帮助他们克服学习障碍，达到个人潜力的最大发挥。

总而言之，构建高效的小学语文阅读课堂对于提高学生的语文素养、培养学生的阅读能力和兴趣具有重要意义。在实践中，教师应根据学生的实际情况和教学需要，灵活运用各种教学方法和手段，不断探索创新，不断完善课堂教学，为学生提供更加丰富多彩的阅读体验，促进其全面发展。

二、语文写作高效课堂的构建

小学语文写作是培养学生语言表达能力和思维逻辑的重要环节，构建高效的写作课堂对学生的写作水平提升至关重要。构建小学语文写作高效课堂，不仅能够提升学生的写作水平，还能够激发学生的学习兴趣，培养他们的文学素养。小学语文写作高效课堂的构建主要包括以下几方面：

（一）科学的教学内容

构建小学语文写作高效课堂的关键在于设计科学合理的教学内容。教学内容的选择应综合考虑学生的认知水平和学习需求，并贴近生活、实际情况，以激发学生的学习兴趣。为此，教师可以结合课程标准和学生的实际情况，设计多样化的写作任务，包括叙事、描写、议论等，以培养学生不同类型的写作能力。

第一，针对小学生的认知水平和学习需求，教学内容应简洁明了，符合他们的理解能力和表达水平。例如，在选择叙事写作任务时，可以采用生动有趣的故事情节，让学生通过模仿、改编故事来练习叙事能力。在描写写作任务中，可以引导学生观察身边的事物，并通过感官描述来培养他们的描写能力。在议论写作任务中，可以选择一些贴近学生生活的话题，如学校规则、假期活动等，让学生从自身经验出发，进行简单的论述和辩证思考。

第二，教学内容应贴近生活、贴近实际，与学生的日常经验和实际情况相联系。例如，在叙事写作任务中，可以引导学生从自己的生活经历中汲取素材，写出自己的故事或感受。在描写写作任务中，可以以身边的环境、人物或事物为对象，让学生进行观察和描写，提升他们对周围世界的感知能力。在议论写作任务中，可以选取一些与学生生活息息相关的话题，如校园生活、家庭教育等，引导学生围绕这些话题展开讨论，培养他们的思辨能力和表达能力。

第三，教学内容的设计应多样化，兼顾不同类型的写作任务，以全面提升学生的写作能力。通过设计叙事、描写、议论等不同类型的写作任务，可以让学生在实践中掌握不同的写作技巧和表达方式，从而全面提升他们的写作水平。同时，教师还可以根据学生的实际情况和兴趣特点，设计个性化的写作任务，激发他们的学习兴趣和写作潜能。

（二）多样的教学方法

构建小学语文写作高效课堂是一个复杂而又关键的任务，它要求采用多样化的教学方法来激发学生的学习兴趣和积极性，从而提高他们的写作能力。在这个过程中，启发式教学法、合作学习法和问题导向教学法等常见的教学方法被广泛应用。

第一，启发式教学法是一种通过激发学生的好奇心和想象力来促进学习的方法。在语文写作课堂上，教师可以通过引入生动的情境或故事，激发学生的想象力和创造力，从而激发他们对写作的兴趣。例如，教师可以讲述一个引人入胜的故事情节，然后要求学生继续故事的情节，展开自己的想象，并将其写成作文，这种方法不仅可以激发学生的学习积极性，还可以提高他们的写作水平。

第二，合作学习法需要把学生分成小组，共同合作完成任务。在语文写作课堂上，教师可以安排学生们组成小组，共同讨论一个话题，并合作撰写一篇作文。通过与同伴合作，学生可以互相学习和借鉴彼此的思想和观点，从而提高他们的写作能力。此外，合作学习还可以培养学生的团队合作精神和沟通能力，这将对他们今后的学习和生活都有所帮助。

第三，问题导向教学法强调的是学生在解决问题的过程中，通过思考和探究来学习知识。在语文写作课堂上，教师可以设计一些具有启发性的问题，引导学生思考和探索，从而激发他们对写作的兴趣和热情。例如，教师可以提出一个具有挑战性的问题，要求学生分析问题并提出自己的见解，然后将其写成作文。通过这种方式，学生不仅可以提高他们的写作能力，还可以培养他们的分析思维和解决问题的能力。

（三）合理的评价方式

构建小学语文写作高效课堂需要建立科学合理的评价体系，这样才能够及时准确地反馈学生的学习情况，从而促进他们的持续进步。评价方式主要可分为定量评价和定性评价两种，这两种方式各有其特点，通过相互结合运用可以更全面地评价学生的写作水平，并为他们提供有效的指导和支持。

第一，定量评价是评价体系中的一种重要方式，主要包括成绩评定和测试测验等。成绩评定通常通过对学生完成的作品进行评分，根据一定的标准和要求来给予相应的分数，这种方式能够直观地反映学生在写作方面的表现，为教师和家长提供了一个客观的衡量标准。此外，定期进行的测试测验也是一种常见的定量评价方式，通过考查学生对语文知识的掌握程度和写作技能的应用能力来评定他们的水平，这些定量评价方法能够帮助教师了解学生的学习进度，及时发现问题并进行针对性的指导。

第二，定性评价，它主要包括评语评议和作品展示等形式。评语评议是教师根据学生的写作作品所做出的文字评价，通过对作品的内容、结构、语言运用等方面进行分析和点评，帮助学生了解自己的缺点和不足，并提出改进建议，这种评价方式能够更深入地揭示学生的写作水平，为他们提供更具针对性的指导。另外，作品展示也是一种重要的定性评价方式，通过学生的作品展示来凸显他们的写作能力和创造力，激发他们的学习兴趣，促进他们的积极参与和持续进步。

在小学语文写作高效课堂的构建中，应该将定量评价和定性评价相结合，充分发挥它们各自的优势，从而全面客观地评价学生的写作水平。定量评价能够提供直观的数据支持，帮助教师全面了解学生的整体表现；而定性评价则能够深入挖掘学生的潜在能力，为个性化指导提供依据。通过科学合理的评价体系，教师可以更好地指导学生，激发他们的学习兴趣，促进他们在语文写作方面的持续进步。

总而言之，构建小学语文写作高效课堂，是提升学生语文素养和写作能力的重要途径。在教学实践中，教师应当通过明确的教学目标、科学的教学内容、多样的教学方法、合理的评价方式，不断完善教学过程，促进学生全面发展。

第四节　语文口语交际高效课堂的构建

语文教育是培养学生语言能力、交际能力和文化素养的重要途径。随着社会的发展和教育理念的转变，语文教育不再仅仅注重文字的传授，而是更加注重学生的语言运用能力和交际技能的培养。小学语文课堂作为语文教育的基础，其口语交际高效课堂的构建显得尤为重要。

一、语文口语交际高效课堂构建的原则

（一）重视学生的主体地位

在构建小学语文口语交际高效课堂时，学生的主体地位应该被高度重视，这意味着要将学生置于学习的核心位置，激发他们的学习兴趣和内在动力，使他们成为课堂的主导者。通过采用自主探究和合作学习的方法，培养学生的语言交际能力，从而实现课堂教学目标。为了实现这一目标，教师应该采取措施鼓励学生参与课堂讨论、提出问题，并鼓励他们展示自己的思考和理解。此外，提供学生自主学习的机会，鼓励他们从不同的角度思考和解决问题，培养他们的批判性思维和创造性表达能力。通过这种方式，学生将更加积极主动地参与学习过程，提高他们的学习效果和满意度。

（二）营造积极的课堂氛围

营造积极的课堂氛围对于构建高效课堂至关重要。教师应该注重创造一种轻松、活跃、充满活力的学习环境，以激发学生的学习兴趣和参与热情，这可以通过多样化的教学手段和活动设计来实现，例如游戏、角色扮演、小组讨论等。在这样的氛围中，学生将更加乐意表达自己的想法和观点，愿意与同学分享和交流。同时，教师应该及时给予肯定和鼓励，建立积极的师生关系，让学生感受到自己的重要性和被尊重的程度，这将有助于增强学生的自信心和学习动力，提高他们的学习效果。

（三）尊重学生的个体差异

每个学生都是独特的个体，具有不同的个性特点和学习风格。因此，教师在教学过程中应该充分尊重学生的个性差异，采用差异化的教学策略，以满足不同学生的学习需求，包括了解每个学生的学习风格和能力水平，为他们提供个性化的学习支持和指导。通过个性化的教学方法，教师可以更好地满足学生的学习需求，激发他们的学习潜能，提高他们的学习效果和满意度。

（四）联系生活的实际情境

小学生的生活经验相对有限，因此在设计口语交际活动时，教师应该充分考虑学生的生活实际，选择与学生生活密切相关的话题和情境，以促进学生的参与和表达，包括选取与学生日常生活密切相关的话题，如家庭、学校、朋友、兴趣爱好等；模拟真实生活中可能遇到的情境，如购物、旅行、聚会等。通过这样的活动设计，学生将更容易理解和参与，从而提高他们的语言表达能力和交际能力。与此同时，教师还应该鼓励学生从自身经验出发，分享自己的想法和感受，促进学生之间的交流和互动。通过这种方式，学生能够更加深入地理解和掌握语言知识，提高他们的口语表达能力和沟通能力。

二、语文口语交际高效课堂构建的策略

（一）设计多元的教学活动

为了增强小学生的口语交际技能，教师可以设计多样化的教学活动，如角色扮演、小组讨论和情景模拟等，这些活动通过真实的交流场景，引导学生自然地展开口语表达，从而促进他们口语交际技能的提升。为了培养学生的口语表达能力，教师可以设计角色扮演活动，让学生在模拟的情景中扮演不同的角色，进行

实时的口语交流。此外，小组讨论活动可以激发学生之间的互动与合作，让他们在团队中分享思想和观点，从而提高口语表达能力。情景模拟活动则通过模拟真实生活中的情境，帮助学生运用所学语言进行交流，提升他们的口语表达能力。

（二）重视课堂互动与合作

在课堂教学中，教师应该注重学生之间的互动与合作，鼓励他们积极交流、讨论和合作，以培养合作精神和团队意识，从而促进口语交际能力的提升。教师可以通过设立小组讨论、合作项目等方式，激发学生的合作意识和团队精神。在小组讨论中，学生可以分享自己的观点，并倾听他人的意见，从而促进语言交流和思想碰撞。此外，合作项目可以让学生共同制订计划、分工合作，培养他们的团队协作能力，提高口语表达水平。

（三）培养学生自主学习

教师在课堂上应该扮演引导者和组织者的角色，而不仅仅是知识传授者。他们应该通过引导学生进行自主学习，掌握语言知识和交际技能，培养学生的自主学习能力和问题解决能力，从而提高他们的口语交际能力。为了引导学生进行自主学习，教师可以采用启发式教学法、问题导向教学法等方法。通过提出引人思考的问题和情境，激发学生的学习兴趣和主动性，促使他们积极探索和学习。与此同时，教师还可以鼓励学生利用多样化的学习资源，如图书馆、网络等，进行自主学习和交流，从而提高口语表达能力。

（四）运用现代教育技术

在构建小学语文口语交际高效课堂时，教师可以充分利用现代化教育技术手段，如多媒体教学、网络资源等，为学生提供丰富多样的学习资源和交流平台，促进他们的语言交际能力的提高。利用多媒体教学，教师可以通过图片、视频等多媒体资源，生动直观地展示语言知识和交际情境，激发学生的学习兴趣，提高他们的学习效果。同时，教师还可以利用网络资源，如在线课堂、教育应用程序等，为学生提供更广阔的学习空间和交流平台，提升他们的语言交际能力。

三、语文口语交际高效课堂构建的评价反思

（一）评价指标的构建

在对小学语文口语交际高效课堂进行评价时，需要建立一套科学合理的评价

指标，以全面客观地评估课堂教学效果，这些评价指标应该涵盖学生的口语表达能力、交际效果以及课堂参与度等方面。通过建立这些指标，可以更准确地了解课堂教学的质量，并为教师提供指导，帮助他们改进教学方法，提升教学效果。

第一，口语表达能力。这包括学生的发音准确性、词汇运用能力、语法表达能力等方面。通过观察学生在课堂上的口语表达情况，可以评估他们的语言水平和语言表达能力是否达到预期的要求，这有助于确定学生在口语交际方面的优势和不足，并为后续教学提供有针对性的指导。

第二，交际效果。这涉及学生在实际交际中是否能够有效地运用所学语言知识，是否能够与他人进行流畅自然的交流。通过观察学生在课堂上的交际情况，可以评估他们的交际能力和交际效果，这有助于了解学生在实际交际中的表现，并为教师提供改进教学策略的参考。

第三，课堂参与度。学生的课堂参与度反映了他们对课程的兴趣程度和学习积极性。通过观察学生在课堂上的参与情况，可以评估他们对课程内容的理解程度和学习态度，这有助于教师了解学生的学习情况，并采取相应的措施，以提高课堂教学的参与度和效果。

（二）教学反思与改进

在实施小学语文口语交际高效课堂的过程中，教师应该时刻保持反思的态度，及时总结教学中存在的问题和不足，并积极采取改进措施，不断提升教学水平，为学生提供更加优质的语文教育服务。

第一，教师应该定期对自己的教学进行反思，这包括对课堂教学过程的回顾和对学生学习情况的分析。通过反思，教师可以发现教学中存在的问题和不足，并及时加以改进。例如，如果发现学生对某一部分内容理解不透彻，教师可以采取更加生动有趣的教学方法，提高学生的学习兴趣和参与度。

第二，教师应该注重与同行的交流与分享。通过与其他教师的交流，可以互相借鉴经验，分享教学方法，共同探讨教学中的难点和问题，并寻求解决之道，这有助于教师开阔视野，提高教学水平，为学生提供更好的教育服务。

第三，教师应该重视学生的反馈意见。学生是教学活动的参与者和受益者，他们的意见和建议对于改进教学效果具有重要意义。因此，教师应该积极倾听学生的意见，关注他们的学习体验，及时调整教学策略，满足学生的学习需求。

总而言之，小学语文口语交际高效课堂的构建是当前语文教育的重要任务之一，只有通过创新教学理念、改进教学方法，才能真正提高学生的口语交际能力，促进其全面发展。通过不断的探索与实践，能够构建更加高效、生动、有趣的小学语文口语交际课堂，为学生的语文学习提供更好的支持与帮助。

第五节　教师专业发展视域下的语文高效课堂构建

教师在教育事业中占有重要地位，教师的专业发展和教育能力，影响着学科教学的质量。因此，"小学语文教学应从教师专业发展的视域出发，以增强教师专业素养和构建高效课堂为基本目标，推动语文教学重点的转变，从而从根本上增强教学效果，完成立德树人的根本任务"[①]。在教师专业发展视域下开展语文教学活动，教师应坚持"与时俱进""以生为本""生活教育"和"深化改革"的理念，适时调整自身教育观念，持续学习新颖知识与技能，将现代化与生本化教育方法融入语文课堂，从而提升专业素养与教育水平，为构建高效课堂贡献力量。

教师专业发展的途径多样且深远。对于教师而言，专业发展的路径可以从两个主要角度出发，即从教师个体的学习动机以及对教学复杂性认知的过程。在教师专业发展的过程中，教师的专业基础和知识结构不断演进、完善和优化，这一过程被概括为"教师专业发展"，其核心强调了教师内化知识与技能的过程。此外，教师专业发展的方式与过程融为一体，教师的专业成长既包含内化知识与技能的过程，也体现了教师依托特定学习方式、展开专业训练并参与组织活动的实践。

教师专业发展指的是教师在职业生涯中，以特定组织为平台，学习理论知识、参与实践训练的方式，以及在学习与探究过程中不断转化知识与技能的持续性进程，这种发展形式是知识传递、教师自我成长和职业提升的载体。教师通过不断学习与实践，提升自身的教育水平与专业素养，从而更好地适应和应对不断变化的教育环境，为学生的成长和发展提供更有效的支持和指导。

---

① 巩世堂.教师专业发展视域下小学语文高效课堂的构建策略研究[J].教师，2022（18）：36.

一、教师专业发展视域下语文高效课堂构建的阶段

在教师专业发展视域下，小学语文高效课堂的构建共经历了三个阶段，主要包括以下几方面：

（一）以内容为核心的探索阶段

在探索阶段，教师的思维相对保守，其教学理念更偏向于传授教材中的基础知识点。他们通常按照教材中知识点的编排顺序，解释语文知识。在这个过程中，教师往往严格遵循教案，其掌握的教学手段和方法也相对缺乏灵活性和变通性。因此，在这一阶段，师生双方往往未能实现科学发展和全面进步的目标。教师的保守思维在教学中反映出来，他们更倾向于传授既定的基础知识，而不太愿意尝试新的教学方法或理念。教材中的内容被视为教学的主要依据，严格按照内容顺序进行讲解，这种传统的教学方式在一定程度上限制了教师的创造力和教学效果。因此，教学过程中缺乏灵活性和变通性，无法很好地满足学生多样化的学习需求。同时，学生在这种传统的教学模式下也难以充分发挥自身潜力。他们往往缺乏探究和创新的动力。由于教师主导教学过程，学生的学习主动性受到一定程度的抑制。因此，在这一阶段，师生双方未能实现真正的教学共赢，教育目标的达成存在一定的困难。要解决这一问题，教师需要转变传统的教学理念，更加注重激发学生的学习兴趣和创造力。他们应该在教学中注重启发式教学，激发学生的探究欲望，引导他们积极参与到课堂讨论和思维碰撞中来。同时，教师也应该灵活运用不同的教学方法和手段，根据学生的实际情况进行调整和变化，这样一来，教学过程将更加富有活力和趣味性，有助于激发学生的学习潜能，实现师生双方的共同发展与进步。

（二）以教师为核心的规范阶段

在教学实践进入规范阶段时，教师们逐渐开始经历一场意识形态的变革。他们从个人成长的视角审视自己的教学行为和教育信念，积累并反思所获得的教学经验。从探索阶段到规范阶段的过渡中，教师们不再僵化于简单传授基础知识，而是更加注重发挥自身潜能，通过对教学内容的精心提炼，有意识地引导学生自主思考和解决问题。

在这一转变的历程中，教师们的角色逐渐由传统的知识传授者转变为教学的核心和引导者。他们不再仅仅是课堂上的讲解者，而是更多地充当着学生学习过程中的引路人。他们精心设计课程，将教学重点和难点提前筛选出来，并通过巧

妙的引导和激励，引导学生逐步理解和解决问题。在这个过程中，教师的教学理念和方法也得到了深刻的转变，更加强调以学生为中心的教学模式，注重培养学生的自主学习能力和创造性思维。

总而言之，规范阶段的小学语文教学以教师为核心和导向。教师们不再是简单地传授知识，而是通过精心设计的教学活动和引导，激发学生的学习兴趣和自主性，帮助他们建立起扎实的语文基础和良好的学习习惯，这种以教师为核心的教学模式，不仅能够提高学生的学习效果，还能够培养他们的终身学习能力和创造性思维，为他们未来的发展奠定坚实的基础。

（三）以学生为核心的科学阶段

在科学教学阶段，教师的焦点逐渐转向了学生的实际需求，强调了师生间对话的重要性，并更加重视学生的自主探索过程。在这一阶段的教学过程中，教师将以学生的需求为出发点，对教学内容进行重新组织和延伸，并采用创新型的教学方法，引导学生进行自主探索和合作研究。换言之，在教师专业发展的视角下，以学生为核心成为小学语文教学科学阶段的主要特征。

在科学阶段的语文教学中，教师将更加关注学生的需求和兴趣。他们会通过与学生的沟通交流，了解每个学生的学习情况和特点，以此为基础来调整教学内容和方法。这种以学生为中心的教学方式，有助于激发学生的学习兴趣，增强他们的学习积极性，进而增强他们的学习效果。

此外，教师还会注重培养学生的自主学习能力。他们会设计各种启发性的学习任务和活动，鼓励学生自主探索、发现问题、解决问题。通过这样的学习过程，学生将逐渐培养起批判性思维、创造性思维和合作精神，为他们未来的学习和生活奠定坚实的基础。在教学内容方面，教师将以学生的需求和实际情况为依据，对教材内容进行灵活调整和延伸。他们会结合学生的兴趣和特长，设计具有启发性和挑战性的学习任务，让学生在学习过程中体验到知识的乐趣和成就感。

总而言之，在科学阶段的语文教学中，教师将以学生为中心，注重发挥学生的主体作用，引导他们积极参与到学习过程中来，这样的教学理念和实践将有助于培养学生全面发展的能力，提升他们的综合素质。

二、教师专业发展视域下语文高效课堂构建的策略

（一）更新理念，明确课堂目标

在教师专业发展的视角下，教师在教学工作中应当以与时俱进的态度为基

础，通过深入研读课程标准、全面了解学生需求等途径，来确立知识、能力和价值观的教学目标，这种立体的目标设置可以有效地指导课堂教学活动，使之更好地贯彻素质教育和新课改相关政策。

以《场景歌》的识字教学为例，传统的教学模式往往局限于按照教材中文字编排的顺序，逐一教授学生认读词汇，如"海鸥""沙滩""秧苗"等。然而，在教师专业发展的视域下，教师需要转变传统的教育观念，根据科学的教育理念，结合具体的课程标准，明确新型语文课堂的教学目标，致力于构建以学生需求为导向的高效语文课堂。在正式开展课堂教学之前，教师应该深入研读课程标准，从各学段和整体教学目标的角度出发，了解二年级识字教学的注意事项和要达成的终极目标。同时，教师还需要将这些目标与《场景歌》的教学内容相结合。

在教学实践中，教师可以通过多种方式实现这些目标。首先，教师可以根据学生的实际水平和学习需求，调整课程内容和教学方法，使之更贴近学生的生活和兴趣；其次，教师可以设计富有情境感和启发性的教学活动，激发学生的学习兴趣和动力，提高他们的学习效果；最后，教师还可以通过合作学习、探究性学习等方式培养学生的合作精神和创新能力，促进他们的全面发展。

教师通过设定明确的识字教学目标，改变传统知识传授的教学方式，将主导权赋予学生，引导学生探索汉字的识记规律。运用举一反三的方法，逐步提升学生的汉字储备和加强记忆效果。从小学生的实际学习需求中寻求教学启示，明确教学重点与难点，进而实现教师自我发展与成长的目标。

（二）以生为本，精准对接需求

生本主义理念是语文课堂教学的核心原则，也是教师专业成长的显著标志。在教师专业发展的视角下，教师应立足生本立场，深入探究学生的实际表现、知识底蕴、兴趣偏好等多方面因素，对语文课堂进行深入剖析，以便准确把握学生的真实需求，进而能够精准地满足这些需求，使学生在主观意愿与客观学习需求上都能得到满足。在问诊课堂教学过程中，教师需运用观察、记录等方法，全面捕捉学生在课堂上的学习态度和成果表现，并进行相应记录。同时，通过采用问卷调查、匿名意见箱等手段，深入剖析语文课堂教学中的不足与疏漏，从而明确自身在教学方法和手段等方面的待改进之处。此举既有助于促进教师自身的成长与发展，又能使语文课堂更加精准地满足学生的实际需求。

以《示儿》阅读教学为例，在教师专业成长视域下，为精准满足小学生阅读需求，教师可在课堂教学启动前，通过课堂诊断手段，探讨阅读课堂及教学方法等方面之不足。通过观察与记录、意见与反馈两个环节，详尽呈现学生学习需求，主要包括以下几方面：

第一环节——观察与记录。《示儿》为一篇古诗文，其年代久远，与如今学生的生活环境相差甚远。因此，在进行教学观察与记录时，必须予以充分重视。教师可运用课堂观察法，将对学生在古诗词课堂上的词汇理解能力、情感感悟能力、文白转化技巧以及诗词文学常识的掌握程度等内容，以数据形式进行记录。通过对这些数据的整合与分析，可深入了解学生在小学中低年级段的古诗文学习实际水平，为优化课堂教学提供数据支持。

第二环节——意见与反馈。在进行教育教学过程中，教师除客观审视学生的实际表现外，还可以通过问卷调查、匿名意见箱等方式，与学生进行对话和沟通，深入了解学生的主观需求。在设计及实施调查问卷、意见箱时，教师应立足于《示儿》教学的内容和主题等角度，悉心倾听学生的真实意见和建议。根据实际需求，教师可运用问卷作为载体，实施意见反馈，为教师自身的专业成长和发展提供参考依据。

在学生预习阶段，教师可分发纸质版的调查问卷，要求学生依据预习所获得的信息以及自身兴趣点，如实填写。教师根据问卷中学生的选择答案及真实意见表达，制定《示儿》最为科学合理的教学策略，从而实现以生为本的语文课堂教学诊断。

教师通过观察与记录、意见与反馈两个环节进行问诊活动，能够精确掌握学生在主客观方面的需求，从而使语文课堂教学目标更具针对性。同时，此举有助于明确后续发展重点与路径，对促进教师自我成长和提高语文课堂效益具有深远意义。

（三）深入教材，整合教育资源

教学资源的丰富性与适切性，是决定语文课堂教学质量的核心要素。从教师专业发展的角度而言，教师搜寻与整合教育资源的能力，对其职业生涯路径产生深远影响。为实现教师专业成长的推动目标，教师应积极探索整合教育资源的策略，确立语文教材的基础地位，并通过融合现实生活元素，拓展语文课堂教学素材的来源。从而使学生在课内外的语文教学过程中，能够紧密联系，不断拓宽学习领域，提升全面学习能力。

在进行教育资源整合的过程中，教师需要对语文现行教材进行深入剖析，全面掌握教材单元及篇章中所包含的核心信息，同时准确把握与生活实际的结合点，从而实现教学资源的高效搜集与整合。在此过程中，教师对教材的解读能力和教学内容的发掘能力将得到显著提升，为构建以学生需求为导向的高效语文课堂奠定坚实基础。

以《纳米技术就在我们身边》的阅读教学为例，为了促进自身专业成长并构建高效语文课堂，教师需要对教材内容进行阅读和分析。在相应单元的导语"阅读时能提出不懂的问题，并试着解决"中，可以明确单元目标，即"通过阅读文本，培养学生的问题意识和解决问题的能力"。在此基础上，教师可以将教材与学生的现实生活经验相结合，提出"纳米技术是什么？请用生活中的物品或现象解释纳米技术的概念。""现实生活中哪些领域应用了纳米技术？它对人们的生活产生了何种影响？"等问题，引导学生从现实生活中寻找答案，从而弥补传统课堂资源不足和教学场域固定的缺陷。在搜集和整合生活素材的过程中，学生的阅读理解和自主探究能力也将得到提升，有助于构建学生积极参与的高效课堂。

教师应以学生的现实生活为基准，引导学生立足于课内知识，有序地将生活素材融入其中，不仅能够为语文课堂丰富素材与资源，同时也有助于培养学生搜集和整合信息的能力。从教师专业发展的视角而言，教师将学习的主导权交还给学生，赋予学生主动探索的空间，这也反映出教师的教育观念在不断演进与革新，专业素养和教学能力亦在持续提升。通过深入挖掘教材、紧密联系生活，教师的成长道路将更加宽广，其综合素养和教育能力有望逐步顺应时代需求。

总而言之，构建高效且优质的小学语文课堂，并非仅凭短期教育方案即可实现，而是需要以长期教育规划和持续性的教学活动为基石，这就要求教师具备制定长期规划和实施可持续教育方案的技能。从教师专业发展的视角而言，教师应始终保持与时俱进的观念，紧跟时代步伐，深入了解学生实际需求，进而推动高效课堂教学模式的构建与发展，实现师生共同进步和全面成长的目标。

第五章 融合发展视域下的语文"五育"教育模式研究

随着时代的发展和社会的变迁，教育理念也在不断演进。在当前的教育改革进程中，融合发展视域成为大众关注的焦点之一，小学语文教育作为培养学生基础能力、综合素养的重要环节，其教学模式的创新和发展显得尤为重要。鉴于此，本章主要研究融合发展视域下的语文德育教育、智育教育、体育教育、美育教育与劳动教育。

第一节 融合发展视域下的语文德育教育

一、德育教育的功能

"小学语文教学的思想性、生活性等特点均体现德育教育的因素，而德育的人文性、社会性等特点与小学语文教学的理念也相互契合，所以从小学语文教学和德育的内容、特点角度而言，将德育融入小学语文教学具有可行性。"[①]德育教育的功能主要包括以下几方面：

（一）德育教育的社会功能

德育教育的社会功能就是指德育对社会发展的性质和水平所产生的影响或作用。社会是一个有机体，它涉及经济、文化等各个方面，社会发展就是其经济、文化等方面的统一发展。在这些方面的发展中，德育发挥着重要功能，从而分别构成了德育的经济功能和文化功能。在当代，德育在构建和谐的社会关系、民主

---

① 刘磊萌.小学语文教学中融入德育的教学策略研究[D].洛阳：洛阳师范学院，2022：26.

的体制、转变经济增长的方式、发展先进的文化形态等方面发挥着越来越重要的功能。

1.德育教育的文化功能

文化就是指社会所倡导的主流价值观、生活方式、意识形态、社会意识、思想观念、道德规范、精神信仰、社会风尚等组成的统一体。总而言之，一个社会的道德发展水平不仅奠定着该社会发展的文化基础，而且通过影响学生的思想意识、精神动向等干预着该社会的文化系统，决定着该社会文化形态的基调。德育在文化领域的主要作用表现在对文化形态的维护与变迁过程中所产生的深远影响。

任何教育活动都有传承社会文化的功能，德育活动也不例外。学校德育在传递社会的精神文化、维系社会文化形态的稳定中发挥着重要功能，这种功能可通过以下两种途径来实现：

（1）文化的继承。文化通常可分为两种表现形式，分别为知识性文化及规范性文化。在德育领域，传播的主要为规范性文化。规范形态的文化既包括人们之间相互交往的各种规范，如道德规范，又包括指导人的世界观、人生观、价值观，还包括社会的文化风尚、社会心态、群体人格等。这些规范形态文化以文化传统的形式建构出个体及群体的人格特征，构建着一个民族、群体的共同人格，它们在人类发展中具有重要功能。实际上，德育就是通过对这些文化传统的继承来参与社会发展的。同时，这些文化传统的表现方式既有物质、语言、符号、制度形态的文化传统，又有精神、心理、行为形态的文化传统。无论哪种形态的文化传统，它们所蕴含的内核，即基本价值取向、基本生活观念和基本行为规范是大体一致的，德育活动在传承文化内核方面发挥着关键作用。通过设立德育课程、策划德育活动以及营造德育氛围，教育过程中融入了价值取向、生活观念和行为规范，将文化传统转化为学习者个体的生活方式和行为准则，从而实现对特定文化形态的传承。因此，德育的主体和对象——德育工作者与学生是文化系统的活载体。

（2）文化的控制和整合。德育对文化的传承不是机械地、随波逐流地传承，而是在这个过程中对这些文化形态进行了加工、过滤、选择、组织。因此，德育能够自觉控制文化发展的方向，确保所传承的文化是一种积极、健康、向上的文化，这种控制表现在以下几方面：

第一，德育对文化传统的传承总是建立在积极的价值标准之上的，这种价值标准将那些不合乎学习者身心健康发展，不利于人类发展的内容剔除掉了，从而保证了德育对学生的影响是一种积极的影响。

第二，在文化的传承中，德育能够对社会生活中出现的文化失调现象做出自觉的应对和调适。文化的发展道路不是笔直的，而是曲折的。在一定时期，当人们过乎注重文化的一种功能而无视其他功能时，文化失调现象就会发生，文化系统内部的矛盾、冲突就会出现。因此，学校德育在维护文化发展的稳定性、连续性和导向性方面具有关键作用。

第三，德育具有整合文化系统的功能，这一功能的实现是通过影响社会共识、主流价值观的形成来实现的。德育能够通过建构社会的主流价值观，全面提高社会文化的发展水平。尽管文化的形态是多种多样、丰富多彩的，但维系其内在统一性的是文化精神，即整个社会所秉持的主流价值观。从某种意义上说，主流价值观的改变能够使社会成员的信仰、意识、思想、风尚等发生全局性的改观。就德育而言，其主要作用于人类发展的方式为塑造个体价值观。通过传播高尚的道德理念给全体社会成员，促使社会价值观的形成朝着积极、健康、高尚的方向发展，进而推动社会主流价值观念以及社会文化风貌实现新陈代谢与持续进步。

2.德育教育的经济功能

德育教育的经济功能是指通过对学生进行德育教育，培养他们良好的道德品质、职业素养和社会责任感，从而为个人未来的经济发展和社会经济进步提供有益支持的一种功能。在小学阶段，德育教育扮演着至关重要的角色，因为这是孩子们形成人格、价值观和行为准则的关键时期，主要包括以下几方面：

（1）小学德育教育培养学生的品德和道德素养。在德育教育的引导下，学生将学会诚实守信、勤奋努力、团结友爱等美德，树立正确的价值观念和行为准则，这种良好的品德和道德素养对于一个人的职业发展至关重要。例如，一个品德高尚、诚信守约的个体更容易赢得他人的信任和尊重，从而在职场上获得更多的机会和资源。此外，具备良好道德素养的员工更有可能受到雇主的青睐，被赋予更多的责任和机遇，进而获得更好的职业发展前景。

（2）小学德育教育有助于培养学生的社会责任感和公民意识。通过德育教育，学生能够了解社会的发展需要、社会规则和法律法规，树立正确的社会责任观念。这种社会责任感和公民意识的培养将使学生更加关注社会问题，积极参与公益活动和志愿服务，为社会的经济发展和公共福祉做出贡献。在社会中，这些具有社会责任感的公民不仅会促进社会和谐稳定地发展，还有助于营造良好的商业环境和企业形象，推动经济的可持续发展。

（3）小学德育教育能够培养学生的创新意识和实践能力。德育教育不仅关注学生的品德修养，还注重培养学生的综合素质和创新能力。通过德育课程和教育活动，学生将学会解决问题的能力、团队合作能力和创新思维，这些能力对于未来的经济发展至关重要。在当今知识经济和创新驱动的时代，创新能力是推动经济增长和社会进步的重要驱动力之一。因此，小学德育教育通过培养学生的创新意识和实践能力，为他们未来的职业发展和经济贡献奠定坚实基础。

（4）小学德育教育能够促进家庭和社会的经济稳定和繁荣。一个道德良好的社会，往往能够减少犯罪率和社会不稳定因素的存在，营造安全和谐的社会环境，有利于经济的发展和人民的幸福生活。而小学德育教育作为社会教育系统的重要组成部分，其培养出的德、智、体、美、劳全面发展的学生，将为社会经济的稳定和繁荣做出积极贡献。

总而言之，小学德育教育的经济功能体现在多个方面，包括培养学生的品德和道德素养、培养学生的社会责任感和公民意识、培养学生的创新意识和实践能力，以及促进家庭和社会的经济稳定和繁荣，这些功能的实现不仅有助于个人的职业发展和经济状况的改善，也对社会的经济发展和全面进步起了积极的推动作用。

（二）德育教育的个体功能

第一，德育教育对个体认知发展具有重要影响。通过道德教育的学习和实践，学生可以逐渐形成正确的道德判断能力和道德意识。他们学会了分辨善恶、正误，培养了自己的道德情操和价值观念。"小学德育主要通过教师的榜样力量，建立和谐的师生关系，为学生营造出积极向上的育人氛围实现的。"[①]例如，在学校的课堂上，老师可以通过讲解道德故事、引导讨论伦理问题等方式，

---

① 朱小青.五育融合视域下小学语文教学策略探究[J].教师博览，2023（27）：49.

激发学生思考，促进其道德认知的提升。

第二，小学德育教育对个体情感发展具有积极作用。在德育教育的过程中，学生不仅学习到了正确的道德观念，还培养了同情心、责任心等积极情感。通过参与志愿活动、帮助他人等实践，学生可以感受到帮助他人的快乐和成就感，进而激发内在的善良情感。此外，德育教育还有助于学生妥善处理情感，塑造积极的心态，并推动心理健康水平的提升。

第三，小学德育教育对个体的社交发展产生重要影响。在德育教育的过程中，学生不仅学会了尊重他人、团结合作的精神，还培养了良好的人际交往能力。通过团队合作、角色扮演等活动，学生可以学会倾听他人、理解他人，培养沟通技巧和合作精神，从而更好地融入集体，建立良好的人际关系。

总而言之，小学德育教育在个体发展中发挥着重要的作用，不仅促进了个体的认知、情感和社交发展，还培养了学生的道德品质和社会责任感。由此可见，强化小学德育教育，既有助于学生个体健康茁壮成长，又促进社会和谐、稳定及可持续发展。

二、融合发展视域下语文德育教育的意义

小学语文教育作为基础教育的重要组成部分，在塑造学生综合素质和德育培养方面起着至关重要的作用。随着社会的不断发展和变化，人们对于小学语文德育教育的需求也在不断提升。如今，培养学生的德育素养同样至关重要。因此，如何在小学语文教育中融合发展德育教育成为当前亟待解决的问题。小学语文德育教育是指在语文教学中，通过有针对性的教学设计和活动安排，培养学生正确的价值观念、道德情感和行为习惯。小学语文德育教育的意义主要体现在以下几方面：

第一，语文德育教育有助于全面提升学生的综合素养，这种教育方式不仅仅关注知识传授，更注重培养学生的思想品德和道德情操。通过语文德育教育，学生得以深入思考、积极探索，从而促进其思想道德的全面发展。同时，这种教育也致力于培养学生的审美情趣和人文精神，使他们对文学艺术有更深层次的理解和欣赏，进而提升综合素质。

第二，语文德育教育有助于学生个性发展。德育教育注重培养学生的道德情感和行为习惯，通过对学生进行情感引导和道德规范，有助于塑造学生积极向上

的人生态度和价值观念。通过这种方式，学生能够树立正确的人生观、价值观，进而在日常生活中表现出自信、坚忍等积极个性特征，实现个性的全面发展。

第三，语文德育教育有助于提升学生的语文素养。将德育教育与语文教育有机结合，可以使学生在语言文字的学习中获益更多。除了培养语言表达能力外，更重要的是通过语文教育引导学生树立正确的价值观念和道德观念。通过文学作品的阅读和分析，学生不仅能够提高语文水平，还能够从中领悟到作者的思想、道德取向，进而反思自身的人生观念和价值取向，这种全方位的语文德育教育，将有助于学生在语文学习中实现素养的全面提升。

总而言之，语文德育教育对于学生的全面发展具有积极的促进作用。通过综合提升学生的思想品德、个性发展和语文素养，这种教育方式有望为培养具有高度综合素质的新时代人才奠定坚实基础。因此，将语文德育教育纳入学校教育体系，并将其贯穿于日常教学中，将对学生的成长和发展产生深远而积极的影响。

三、融合发展视域下语文德育教育的路径

第一，教学内容的设计。在小学语文教学中，教学内容的设计是实现德育教育融合的重要环节。通过精心挑选课文内容，可以融入丰富的人文情怀和道德内涵，引导学生思考生命的意义与价值，培养正确的价值观和道德观。这一过程不仅需要考虑课文本身的文学价值，还需要注意其潜在的道德教育意义。合适的课文内容能够在学生心中播下美好的价值观种子，为其未来的成长奠定坚实的基础。

第二，教学方法的选择。教学方法的选择对于德育教育的实现同样至关重要。在这方面，教师可以采用多种多样的方法，例如情感教育法和启发式教育法等，来激发学生的情感共鸣和思维启迪。通过情景模拟和角色扮演等活动，学生可以在参与中感受美好、领悟人生，并在语文学习的过程中逐渐形成正确的情感态度和价值观念，这些方法能够激发学生的兴趣，提升他们的参与度，使德育教育更加生动有趣。

第三，课外活动的开展。课外活动也是促进小学语文德育教育融合发展的重要途径。例如，通过组织学生参加朗诵比赛和课外读书会等活动，学生不仅能够提高语言表达能力，还能够在与他人的交流中不断磨砺自己的思想，树立正确的价值观和道德观。这些活动丰富了学生的课外生活，培养了他们的综合素养，为

其全面发展提供了更多的机会。

总而言之，通过以上的教学实践探索，可以有效促进小学语文德育教育的融合发展，提高教育的质量和效益。教师在实践中应当注重培养学生的思维能力和创新意识，引导他们树立正确的人生观和价值观。

四、融合发展视域下语文德育教育的策略

第一，完善教育政策。为促进小学语文德育教育的综合发展，政府部门应当采取一系列措施，完善相关政策，以支持和推动该领域的发展，因此需要加大对语文德育教育的投入力度，确保教育资源的充分配置，并优化资源的使用效率，以此为小学语文德育教育的综合发展创造良好的政策环境。

第二，加强师资培训。加强对小学语文教师的培训和引导，是提升语文德育教育水平的重要途径。政府应当加大对语文教师培训项目的支持力度，提高其语文教学和德育教育的理论水平和实践能力。培训内容应当涵盖融合发展的相关理论与实践，并注重教师掌握相关教学方法和策略，以提升其教学水平和教育质量。

第三，引导家校合作。家庭与学校的密切合作对于学生语文学习和德育培养至关重要。政府应当积极引导学校和家长共同关注学生的成长发展，鼓励学校组织家长参与语文德育教育活动，促进家校之间的沟通与合作，这样的举措有助于引导家长积极参与学生的学习过程，共同培养学生良好的学习习惯和道德素养。

第四，推动课程改革。小学语文课程的改革应当以培养学生的语文素养和德育素养为核心目标。政府部门应当推动对小学语文课程结构的调整，增加德育教育内容的设置和比重，使之与语文教学有机结合，旨在注重培养学生的思想道德品质和文明素养，提高小学语文德育教育的质量和效益，使其更好地服务于学生全面发展的需要。

总而言之，完善教育政策、加强师资培训、引导家校合作以及推动课程改革等措施，将有助于促进小学语文德育教育的融合发展。政府应当在政策层面积极推动相关措施的实施，为小学语文德育教育提供更好的政策支持和保障，以促进教育事业的全面发展，培养更多德智体美劳全面发展的社会主义建设者和接班人。

第二节　融合发展视域下的语文智育教育

一、融合发展视域下语文智育的要素

语文智育教育是小学语文教育的重要组成部分，其目的在于培养学生的语文智力，提升他们的语文素养和思维能力。随着融合发展的观念逐渐被重视，语文智育教育已不再局限于传统的语言文字学习。反之，它致力于将语文学科与其他学科、其他领域相结合，从而拓展学生的认知边界，促进他们多元智能的全面发展。在这种教育理念下，语文不再仅仅是一门独立的学科，而是与科学、艺术、社会学等其他学科和领域相互交融。例如，通过阅读科学文献，学生可以提高对于科学概念的理解和运用能力；通过参与艺术创作，他们可以培养创造力和表达能力，这样的跨学科学习不仅能够增进学生对知识的综合理解，还能够激发他们的学习兴趣和学习动力。

此外，语文智育教育还注重培养学生的批判性思维和问题解决能力。通过课堂上的讨论、辩论和写作活动，学生不仅可以学会分析问题、提出观点，还可以培养批判性思维和逻辑推理能力。这种能力对于学生未来的学习和生活都具有重要意义，能够使他们在面对各种复杂问题时理性思考、善于解决。

二、融合发展视域下语文智育的特征

第一，注重跨学科整合。在当今教育领域，越来越多的人开始关注跨学科整合的重要性。这种整合将语文教育与数学、科学、艺术等学科相结合，形成了一种全新的教育模式，从而促进了学生的全面发展。跨学科整合的教育模式注重将不同学科之间的知识、技能和方法相互融合，以丰富学生的学习体验，培养其综合思维能力和创新能力，这种整合不仅可以帮助学生更好地理解和应用知识，还能够激发他们的学习兴趣，提高学习动力。

第二，培养学生的问题意识。通过采用探究式的教学方法，学生被鼓励提出问题、寻找答案，并且在实践中不断探索和实验，这种学习方式不仅能够激发学生的好奇心和探索欲望，还能够培养他们解决问题的能力和创新精神。学生在解决实际问题的过程中，不仅能够学到知识，还能够培养解决问题的能力和思维方式，从而更好地适应未来社会的发展需求。

第三，倡导多元评价体系。在融合发展视域下，语文智育教育提倡建立多元评价体系，包括书面表现、口头表达、实践能力等方面的评价。通过多元评价，可以更全面地了解学生的学习情况，发现和培养他们的潜能，促进其个性化发展。

第四，重视教育的个性化发展。每个学生都是独特的个体，拥有自己的学习方式、兴趣爱好和潜在能力。因此，在教育实践中应该注重发挥每个学生的个性优势，采用个性化的教学方法，满足不同学生的学习需求。个性化教育不仅能够提高学生的学习效果，还能够增强他们的学习兴趣和自信心，从而促进其个性化发展。

三、融合发展视域下语文智育的策略

第一，加强教师队伍建设。教师作为教育的主体，在实施融合发展视域下的语文智育教育中扮演着至关重要的角色。只有具备跨学科教学能力和创新意识的教师，才能够有效地应对教育领域的新挑战，实现语文智育教育的有效落实。因此，教育部门和相关机构应当加强对教师队伍的培训和发展，提升他们的教育水平和专业素养，以应对不断变化的教育需求。

第二，完善教育课程体系。教育课程体系是教育教学的核心，它直接影响着教学内容的质量和效果。因此，建立符合融合发展理念的教育课程体系，明确教育目标和教学内容，对于提高教育教学的质量和水平具有重要意义。教育部门应当加强对教育课程的研究和设计，不断优化和完善教育课程体系，为教师的教学提供有力支持。

第三，加强家校合作。家庭是学生成长的重要环境，家庭教育对于学生的成长至关重要。因此，加强家校之间的沟通与合作，共同关注学生的成长，对于促进学生的全面发展具有重要意义。学校和家长应当加强沟通，建立起良好的家校合作机制，共同关心和支持学生的成长。

第四，注重教育资源的整合与共享。融合发展视域下的语文智育教育需要借助各方面的教育资源，包括学校、社会、家庭等。因此，需要加强资源整合与共享，打破各个资源之间的壁垒，实现资源的优化配置和共享利用，为学生提供更广阔的发展空间。教育部门应当加强对教育资源的整合和管理，促进各方资源的

共享和交流，为融合发展提供有力支持。

总而言之，融合发展视域下的语文智育教育是小学教育的重要发展方向，它能够促进学生全面发展，提升其语文素养和思维能力。然而，要实现这一目标，需要教育部门、学校、教师、家长等各方共同努力，共同推动教育的改革与发展。

第三节　融合发展视域下的语文体育教育

一、融合发展视域下语文体育教育的体系

在当前提倡全面发展的教育理念下，小学语文与体育教育的融合发展成为值得深入探讨的问题。小学语文与体育教育融合发展具有重要的现实意义与教育价值。首先，语文与体育都是学生全面发展的重要组成部分，二者相辅相成，相互促进；其次，融合发展可以丰富教学内容，提高学生学习兴趣与参与度；再次，语文与体育的融合有助于培养学生的团队合作精神和创新能力；最后，小学语文体育教育的融合发展在理论上是可行的。

（一）融合发展视域下语文体育教育的理论

融合发展视域下的小学语文体育教育有着坚实的理论基础。语文和体育作为学校教育中的两大重要学科，都承载着培养学生综合素质的重要任务。语文教育注重培养学生的语言表达能力、思维能力和审美情感，而体育教育则注重培养学生的身体素质、运动技能和团队合作精神。从教育学、心理学和运动科学等多个学科的角度而言，语文与体育之间存在着密切的关联与相辅相成的关系。例如，语文教育中的课文阅读和写作活动也可以为体育教育提供丰富的文本素材和思维启发，激发学生对体育运动的兴趣与热情；通过体育活动可以促进学生身体素质的提升，从而增强他们在语文学习中的专注力和学习效率。因此，将语文与体育两个学科融合起来进行教育实践，有助于拓宽学生的学习视野，提高他们的学习动机和学习效果。

（二）融合发展视域下语文体育教育的模式

在教学实践中，可以通过交叉编排课程、开展跨学科活动、设计综合性评

价等方式来促进语文与体育的融合发展。首先，可以通过编排跨学科课程，将语文与体育的教学内容相互融合，形成有机的教学体系。例如，在语文课上可以引入体育题材的课文，让学生通过阅读、讨论和写作来了解体育知识和运动技能；在体育课上可以引入语文素材，让学生通过口头表达和写作来表达对体育运动的理解和感悟。其次，可以开展跨学科活动，让学生在实际操作中体验语文与体育的结合。例如，组织学生参与体育赛事报道、体育专题演讲等活动，旨在提升学生的语文表达能力，同时加深他们对体育运动的认识与理解。最后，可以设计综合性评价，综合考核学生在语文与体育方面的综合素质。例如，通过口头答辩、写作论文、体育技能表演等方式来评价学生的语文表达能力、文化素养和身体素质，全面反映他们的学习成绩和发展水平。

二、融合发展视域下语文体育教育的策略

（一）树立全面发展的教育理念

要实现小学语文与体育教育的融合发展，需要树立全面发展的教育理念。教育者应该充分认识到语文与体育在培养学生综合素质方面的重要作用，将两者视为一个有机整体，而不是孤立存在的学科。在课程设置、教学内容、教学方法等方面都应该体现出全面发展的思想，确保学生在知识、技能、情感、态度等方面得到全面培养。

第一，课程设置应该在语文和体育两方面相互融合，而不是简单地将它们分割开来。例如，可以设计跟文学作品相关的体育活动，如根据课文内容进行舞蹈或戏剧表演，或者通过体育活动来激发学生学习语文的兴趣。

第二，教学内容应该注重跨学科的融合，使学生在语文学习中也能涉足体育领域。通过语文课程，可以引导学生了解体育领域的名人传记、体育精神等，从而培养学生对体育的热爱和认同感；同时，在体育课上也可以融入一些与语文相关的活动，如口语表达、写作等，以促进学生语言能力的提高。

第三，教学方法应该多样化，注重学生的实际操作和体验。在语文教学中，可以采用体育游戏、体育竞赛等方式来激发学生学习的兴趣；在体育教学中，可以引入语言游戏、朗读、讨论等活动，提升学生的语言表达能力。

总而言之，要实现小学语文与体育教育的融合发展，教育者需要树立全面发展的教育理念，将语文与体育视为一个有机整体，通过合理的课程设置、跨学科

的教学内容和多样化的教学方法，确保学生在知识、技能、情感、态度等方面得到全面发展，这样才能更好地培养学生的综合素质，促进他们健康成长。

（二）挖掘语文与体育的内在联系

在促进融合发展的进程中，必须着眼于挖掘语文与体育之间的内在联系，以实现两者内容的相互渗透和融合。例如，在体育教学中，可以将语文元素有机融入，通过解说体育故事的历史背景、文化内涵等，从而提升学生对体育文化的理解和欣赏水平。这种做法不仅仅是为了丰富体育课程的内容，更重要的是能够帮助学生建立起对文化传承的深刻认识，拓宽其文化视野。在语文教学中，也可以借助体育活动的具体实例，引导学生通过亲身体验来领悟文学作品中蕴含的情感与意境。通过这种跨学科的融合方式，不仅可以激发学生对语文与体育的兴趣，还能够促进其综合素养的全面发展。因此，教育者需要深入思考如何将语文与体育教学有机地结合起来，以实现教育资源的最大化利用，推动学生全面发展。

（三）创新跨学科的教学方法

小学语文与体育教育融合发展的关键在于教学方法的融合。为此，教育者需要根据学生的特点和需求，创新跨学科的教学方法，以提升学生的学习体验和效果。在这一过程中，项目式学习和情境式教学等方法被广泛采用，以激发学生的学习兴趣，并使他们在多样化的学习环境中积极参与、主动探究。

第一，通过将语文和体育内容有机结合，设计具体的项目任务，让学生在实践中学习语文和体育知识，培养其综合运用知识的能力。例如，通过组织学生进行体育赛事报道，让他们运用语文知识进行文字表达，同时加深对体育运动规则和技术的理解，这样的项目设计能够激发学生的学习热情，提高他们的学习动机和参与度。

第二，情境式教学注重将学习内容置于真实的情境中，使学生能够在生活场景中感知语文和体育的价值和意义。例如，通过情景模拟或角色扮演等方式，让学生在模拟的语言环境中进行交流，同时在运动表演或体育比赛中展示团队合作和竞技精神，这种教学方法能够增强学生的情感投入，提高他们的学习效果和应用能力。

第三，教师应充分利用现代信息技术手段，如多媒体教学和网络资源等，丰富教学手段，提升教学效果。通过利用多媒体教学资源，可以生动直观地呈现语文和体育知识，激发学生的学习兴趣；而网络资源则为学生提供了更广阔的学习空间和信息获取渠道，有助于拓展他们的知识视野和学习经验。

总而言之，小学语文与体育教育融合发展的关键在于教学方法的创新和融合。教师应结合学生的特点和需求，灵活运用项目式学习、情境式教学等跨学科教学方法，并充分利用现代信息技术手段，以提升学生的学习体验和效果，推动语文与体育教育的有机结合和共同发展。

（四）建立综合的评价体系

在教育实践中，评价不仅是检验教学效果的一项关键手段，更是推动教育改革的重要依据。在融合发展的视角下，教师应构建起一个综合评价体系，将语文和体育领域的评价融合在一起，以全面展现学生的综合素质和发展水平，这一评价体系的内容应该涵盖知识技能、过程方法、情感态度等多个方面，以便全面客观地评估学生的学习情况。同时，评价方式也应该多样化，包括教师评价、学生自评以及互相评价等多种形式，以确保评价的全面性和客观性。

第一，综合评价体系应该考虑到学生在语文和体育方面的知识水平和技能掌握情况，这涉及对学生在语言表达、文学鉴赏、体育技能等方面的能力进行评估，以此来判断学生的学科基础是否扎实，是否具备必要的知识和技能。

第二，过程方法在综合评价中占据着重要地位。评价不应仅仅关注学生最终的成绩或结果，而更应该注重学生在学习过程中所展现出的思维能力、解决问题的方法、学习态度等方面，这可以通过观察学生的课堂表现、听取学生的学习经历以及评估学生的作业和项目等方式来进行。

第三，情感态度也是评价的重要内容。学生的情感态度直接影响着他们对学习的积极性和态度，因此在评价中应该关注学生对语文和体育学科的兴趣程度、学习态度以及团队合作等方面的表现。

总而言之，融合发展视域下的小学语文体育教育具有重要的现实意义和深远的社会影响。通过对融合发展理论的阐述、树立全面发展的教育理念、挖掘语文与体育的内在联系、创新跨学科的教学方法以及建立综合评价体系等措施，可以有效促进小学语文与体育教育的融合发展，提高学生的综合素质和社会适应能力，从而推动小学语文与体育教育的融合发展迈上新的台阶。

第四节　融合发展视域下的语文美育教育

一、美育教育的理论体系

"在小学语文教学中实施美育，有助于培养学生发现美、感受美、欣赏美的能力，潜移默化地温润学生心灵，使学生形成健全的人格。"①美育的任务是传授美学知识，培养学生的审美观念以及感知美、鉴赏美、创造美的能力。培养途径就是音乐、美术课程教学，授课内容包括自然美、社会美和艺术美，这些可为学生奠定一个良好的审美基础。

美育隶属于素质教育的一个层面，然而，审美素质作为一种综合性素质，广泛涉及当前情感教育中的理性和感性层面，在其独特地位方面独树一帜。人文素质教育的根本是对学生"三观"的树立，让其有一个健全的人格，审美素质的存在则是通过美学来启发学生，如"以美启真""以美储善""以美怡情"。美育是学生思想意识和行为意识的架构塑立，有利于学生德智体美劳全面发展，促进学生自主去发现世界的美与真，遵守社会道德规范。美学通过培养学生的精神层次，借助各类美学作品，持续熏陶学生，使其具备审美意识，能够发掘和感知美，从而提升其审美能力。

美育是素质教育发展的必经之路，美学教育并非单纯的艺术、情感教学，而是融合了多元素的综合教学，它可以提高学生思想，发展学生道德情操；丰富学生美学知识，发展学生智力；同时，还可以增进人们的身心健康，增强学生的身体素质。此外，美育的核心在于通过各类作品，强化个体对美的认知，激发其内心共鸣，使之美感倍增。从审美观念、欣赏美感至创造美，进而逐渐引领至人生美学品位与教育审美层次，实现美的全方位渗透。

美育教学的基础是人格的塑立，可以让学生在"三观"养成初期，有一个正确的人生观、价值观和世界观。因此，对学生进行美学教育不仅能提升学生的审美，也能对学生今后的成长产生重要意义。美学教育可以让学生从内而外，自发地接受美的熏陶，获得美学知识，使受教育的人格趋向真诚、善良、美好的健全人格。

---

① 高原.小学语文教学中如何实施美育浅析[J].青海教育，2023（Z2）：69.

（一）美育教育的目标

1.培养"情理交融"的人

感性和理性的交织是人类认识世界的独特之处，感性是直观的、个体的、偶然的、心理的；理性则是深层的、人类的、历史的、必然的。感性往往都是通过直观感受和感官知觉来获得。理性的获得主要有两种方式：①通过实践操作对后天经验的总结概括，即"经验合理性"；②通过逻辑推理对事物规律的归纳提升，即"普遍必然性"。理性认知是人类的文化、文明和人的思想发展的源泉和动力。无论是"经验合理性"的"实用理性"还是"普遍必然性"的"工具理性"，都是人类文明得以存在和发展所必须依赖的。然而，人的生命本身是非理性的，更多的时候需要非理性的刺激。"理性因科技在近代的急剧发展，日益损害着个体作为动物性的非理性的生存（人总归是动物）。"因此，理性需要控制，感性需要回归，可见，"理性"之外的"感性之情"对人存在和发展同样具有至关重要的关键作用。所以，情理交融的人应当是人类所要追求的"理想之人"。"美"离不开"情"，真正的美往往都是饱含真情实感，能够焕发人的内心情感，自然流露的"美"。美育可以促使人对"美"的深情追求和热情渴望，通过审美使人感受美之情，领悟美之理，用情感熏染认知，用丰富、活力的感性弥补单调、压抑的理性，由情入理，寄理寓情，情理交融，真正实现感性和理性的融合。因此，塑造情理交融的人不仅成为美育所肩负的重要使命，还是美育的旨归所在。

2.培养"自由而全面发展"的人

从人的生存本质而言，人是一类存在物，是自然界客观存在的有机生物，自然界一切生物的生存法则都要适用于人的生存。但是，人又具有特殊的生存本质，人可以自由地思考，可以自主地活动，可以自觉地行动，通过有意识、有目的的实践活动来认识世界和改造世界。人所具备的主观能动性，使人具有了社会属性，这就使人的生存从根本上区别仅仅依靠人类生存的动物。因此，自由、自主、自觉构成了人类生存与发展的核心特质。从人类存在价值的视角观之，追求自由解放及全面发展是人类所向往的根本价值。随着人类社会实践活动的历史推进，人认识世界和改造世界的能力不断提升，逐渐对人的存在价值、人的意义世界、人的发展本质等一系列问题进行了解读和阐释，人类认识到人的本真是自由的、人的发展是全面的，人对自我的发展定位日益明确，自由解放和全面发展成为人所追求的根本价值。

美育是人类最为重要的教育实践活动之一，必然以人类社会发展的终极目标和最高价值为根本依据，因而，培养自由而全面的人成为美育的旨归所在。通过美育培育人的审美意识和审美能力，能让人更好地去认识美、发现美、鉴赏美、创造美，激发人对美好事物的向往和憧憬，净化人的心灵世界，以"美"为尺度，自由畅想、自由享受、自由创造，使人真正回归"自由"的本真，构建理想的"精神家园"。同时，审美素养作为一个人综合素质的重要体现，是人全面发展不可或缺的重要因素。通过美育，个体的审美素养得以切实增进，从而助力全面发展的实现。因此，美育成为通往人的自由全面发展之基本途径与必然选择。

（二）美育教育的特征

1.寓理于情的情感特征

情感是为人所专有的，是人对认识对象的一种体验和态度，是主体对客体的一种感受形式，其中的审美情感不同于一般的情感，它是由美的形象所引起的，而美的形象之所以能引起人的审美情感是由于其体现了人的本质力量，凝结着人的创造智慧与理性，所以最容易与人的情感相沟通，给人带来欢乐与鼓舞。在审美活动中，人们在充分体验美的愉悦时，这种感受不仅带来心灵上的慰藉，还能在心理和理智层面实现满足，进而激发人们对生命与生活的热爱，致力于为人类创造更美好的生活。

美育可以完善人生、完善人性、完善情感。美育自身是情感的教育，因此，实施美育一定要注意以情动人，这一点与伦理学有异曲同工之功效，只不过美育的情感教育不是说教，而是潜移默化的一种情感积淀。心理学研究表明，人的一生中如不能满足正常情感的需要，那么他的人格发展就会遇到障碍。情感在人的心理活动中有着不可缺少的动力作用。美育的作用就在于完善人的情感，培养对假、恶、丑的恐惧感、憎恶感，对真、善、美的同情感、亲近感、共鸣感。整个美育过程通过生动的形象和道德情感的参与，实现精神境界的升华，使其远离明显的功利性和实用性。美感使人们超越世俗情感，使整个心灵沉浸在审美境界之中。

2.寓教于美的形象特征

美育以情动人，是通过审美形象为手段来实现的。无论是自然美、社会美或是艺术美都和特定的形象分不开。一个人的心灵美，这绝不是抽象的概念，而是和他的言行所构成的形象相联系的，正是通过这种外在形象才使人具体感知某个人心灵美之所在。审美形象是美感的基础。美感不是凭空产生的，而总是与一定的审美形象相联系的。审美欣赏的对象应该是具体可感的，而审美感受的极致又是只可意会不可言传的。小学美育过程的审美形象性要求体现在教材、活动、教师指导以及活动环境等方面，都应具备鲜明的形象性特征。然而，美育的形象性并不仅仅意味着美育实施伴随着感性形象，更意味着对形象的情感意蕴的体验与领悟。所以，审美对象的感性形象性是表面特征，寓生命活动于形象之中才使其具有深刻的本质特征。从主体方面而言，情感生命的独特性无法通过抽象概念来诠释，仅能在具象之中得以释放与升华。由此推断，寓教于美的形象性恰恰是美育本质功能的具体体现。

3.培养综合素质的功能特征

培养学生综合素质，落实立德树人根本任务。立德树人是新时代教育理论建设的重要成果之一，新时代学校美育工作的历史使命就是立德树人。新时代学生成长于更加开放的社会环境中，接触到的信息更加丰富多彩。美育要在立德树人的实践中彰显其自身价值，通过弘扬"美"的主旋律，传递"美"的正能量，培育新时代"美"的学生，这对于落实立德树人的根本任务具有重要意义。

（三）美育教育的原则

1.乐中施教

能让人"乐"的教育才是美育。美可以激发人的情感，让感官得到愉悦的满足，人想要欣赏美，所以，要乐于受教。不仅取决于审美对象，人们对于自身的力量、智慧的信任也是其审美愉悦性的起源。所以，进行美育活动时，受教育者经常处于愉悦的精神状态、心理状态，从而形成浓烈的感情经验，取得较大的审美享受。愉悦性作为关键要素，具有引人入胜、启发诱导之功效，促使人们积极参与美育活动，投身审美体验。

在对学生进行美育时，应联系学生的审美特点，依照教育目的，因材施教地对其进行审美教育，将简单的生理愉悦变为浸透着理性的崇高情操的原则，就是美育中的乐中施教原则。以乐促教、寓教于乐的教学方式即是审美教育的地利人和的优势。在实施美育过程中，要秉持以美育人、寓教于乐的原则，全面贯穿形象教育和愉悦教育，确保受教育者在美的环境中成长。

2.潜移默化

美育的效果并非立见成效的，这是一个持久的培养过程；人格的培养也并非一举完成的，而是跟随一生的个体培养教育。美育应该是学校全过程、全方位的教育，是学校育人的关键内容。在无形中发生变化的原则是美育所实施的潜移默化原则，这两点是美育在实施中坚持的潜移默化原则的含义：①将美育贯穿、浸透到校园文化中；②将美育贯穿、浸透到教育全过程中。

（1）实现美育在教育全过程的渗透。在进行教育时，由教育活动中的所作所为至课堂内外的教育活动，由后勤至管理，由教学至教育，由教育环境布置至学校布局，皆体现在审美。为推进学生包括其品格在内的全面发展，实现教育活动、教育目标、目的，发展所有学生的多方面的潜能教育，就是包含审美设计的教育，这是一个需要形成受教育者完整人格修养的过程，同时，还需探索学生在教育活动中所提升的审美情趣、发展的智力体力、获取的知识技能。学生在接受教育时，会让其内心充满自由创造的愉悦，振奋精神，唯有如此的活动才能让学生主动参加、喜闻乐见。美育通过触动情感，使学生在轻松愉快的氛围中，不知不觉地受到美的熏陶。在获取知识的过程中，提升个人品格，进而实现人格的塑造，促进全面和谐的发展。

学校美育是教育全过程的教育理念，也是技能、知识、艺术的教育，它表现并浸入所有教育全过程的教育方法、教育艺术。汇入了教育者的情感创造、人生体验，这是对教育技巧的凝华、领先。学校教育的详细教学内容，每一个活动它本身都是美好的、精彩的，要让学生在了解知识时，使所有参与者都能从中获得美的体验，以欣赏的心态参与其中，从而使教学活动转变为独特的审美体验，使学生在潜移默化中丰富和发展其人格。

因此，美育在人才培养、学校教育时，需要重视在教育全过程、全方位的潜移默化，同时，还应相对独立，发展学科特点，让其变成教育中的关键内容，变成浸入学校服务、管理、教育等各方面的综合教育。

（2）实现美育在校园文化中的贯穿。实施美育的关键途径就是校园文化，它色彩显著的特征、丰富的内涵在小学教育中发挥着许多功能，对塑造学生的优良人格有着无可比拟的影响，主要包括以下几方面：

第一，需通过丰富学生的审美体验，建立良好的校园环境，让学生时时刻刻都能受到美的教化。校园文化的载体就是校园环境。静谧干净的图书馆，宽阔明亮的教室，设施先进的实验室，绿叶成荫的人行道，设备齐全开放的体育场地，以及文化底蕴丰富的人文景观，这些都会让人觉得心旷神怡。良好的校园环境对学生的活动、学习皆起着良好的影响。校园是学生长时间生活的乐园，也是教学的关键场地。在干净整洁的学校中学习，学生会无时无刻不感受到美的享受，接受着美的教化，熏陶美的情操。

第二，需运用校园文化的审美性推进学生向往崇高的人格。因为它对推进学生向往崇高的人格起了教化作用。需要主动提倡、营建健康向上、推崇科学、团结友爱、求实创新的校园文化，让学生能够在这种氛围中感受到直觉体验与领略，融美于灵魂。主动宣传先进集体事迹、先进模范人物，完全发挥出教化人、勉励人的作用。通过卓越的学校环境和风范，满足教学科研生活需求，净化学生灵魂，熏陶学生思想情操。

3.因材施教

因材施教原则在美育中表现在依照学生的兴趣、性格、能力等实际情况，来对其推行不一样的美育，进而让学生的品格可以和谐、自由地发展。推进个体完整品格的建立必须尊重学生审美的个人倾向。从教育学的角度而言，个体身心智能差异的科学态度、对学生主体地位的完全尊重给学生的未来发展留下一定空间，这些都是因材施教原则的体现。从教学教育角度而言，从学生的实际情况着手，对于不同学生的特点，因材施教地对其进行教育，让学生依据不同的方法、条件、渠道来获取最佳的教育效果。因材施教原则契合学生品格发展规律，同时体现了教育过程中学生心灵成长的特点。美育的因材施教的原则可从以下几方面落实：

（1）从实际出发进行美育，定位准确。教师在对学生进行美育之前，应熟悉学生，学生擅长于哪方面，哪方面又比较薄弱，教师都应该熟悉，还应对学生的审美认识水平有正确的定位，要把好所有学生的"脉搏"，辅助其认知自身的优势，熟悉自身的审美状况，进而让学生的积极性得到调动，协助其获得自信心。

（2）教师应鼓舞学生的学习兴趣，准确看待学生的个别差异。美育应以美成人，需完全理解学生的才华、爱好、需求，不仅让学生在进行美育时，能够探索到最擅长、最喜爱的领域，还能在该领域中继续探索，在这个过程中，教育需对学生有着高度的熟悉程度，尽可能地把握其爱好所在，随时找准时机鼓舞指引学生，来加强其学习的自信心，让学生的自我美育主动性得以提升。在美育的时候，要想学生的审美能力得到提升，培育其审美兴趣，则必须严谨落实因材施教的准则，进而能够让学生的个性得到全面发展，健全学生的和谐人格。

（3）教师需对学生的个性特点，制订出最佳计划，让学生的性格获得充分的发展。在美育时，教师应全面熟悉不同学生的不同身体状况、兴趣、爱好、学生的接受能力与一般知识水平，方便教师从现实出发，制订出不同性格的学生发展的最佳计划，让教师能够指向性地进行美育。

4.循序渐进

在培养学生品格的美育时，需要依照其认知发展的规律，由低到高、由易到难、由浅入深逐渐开展的原则，即在美育中的循序渐进原则。依据认知的次序，由此及彼、由表及里、由感性到理性即人们对于事物认知的过程，学习的过程亦是如此。在美育过程中，要遵循循序渐进的原则，教育方法依据认知顺序，由简入繁、由近至远进行展开。

（1）辅助学生拥有准确的审美态度。人们在审美活动中所持有的审美观念即审美态度。在喜悦的心态下获得精神世界的陶醉、自由，在美的鉴赏中实现对物欲、名利的超越，以美的角度分析世界，以美的眼光去认知世界，这就是正确的审美态度，它能够培养学生乐观豁达的"三观"，并能够用美的经验来化解生活中的矛盾、问题，擅长于探索生活中的美，不会畏首畏尾、斤斤计较；会积极看待成长中经历的挫折、苦难，不轻言放弃，同时，擅长应对生活中所面临的压力，并将其转化为源源不断的动力，从而愉快地投身于学习、工作和生活中。

（2）让学生的判断能力、审美欣赏得以提升。由于人们在鉴赏、判断、感受、发现美的能力即判断能力、审美欣赏，以下主要从两个方面培养学生的审美能力：①需积极开展相关审美实践活动，让学生在社会的广袤天地、俊秀的大自然中，在具体可感知的审美体验中，在校外、课外五彩缤纷的实践中，能够真正鉴赏美、感受美、了解美、学习美，在美的熏陶下能够提升审美能力、升华情感，逐渐完善其人格结构。②需要占领课堂教学的领地，牢牢掌握知识的授予，通过教授美学的基本知识，让学生把握基础的美学理论、美学常识，通过对美的内容形式及本质特点的深入理解，培养学生基本的美学素养，进而确立恰当的审美判断准则，从而在理论层面指导审美实践活动。

（3）让学生的审美创造能力得到培养。发挥出人的创造性是建设完美人格的关键目标之一。人们在审美实践中，恪守美的准则、依据美的规律，自主创造事物的能力就是审美创造能力。非凡的动手实践能力、丰富的想象力、身心的解放皆是美的创造力的来源。求变求新、活泼好动是学生的特征，美育需指引学生积极依据美的规律来美化客观世界、主观世界，运用美的尺度来引导、评价生活，同时，还应激励其创造热情。学校美育应当为学生搭建创新美的平台，激发并引导他们对美的创作激情，从而让他们有机会充分展示自身才华。

二、融合发展视域下语文美育教育的要求

小学语文美育教育是指在小学语文教育中，通过艺术形式和文学作品的学习，培养学生的审美情趣、文学鉴赏能力和创造力，从而提高其综合素养的一种教育方式。融合发展视域下的小学语文美育教育强调将美育与语文教育有机结合，将语文教育融入美育的范畴中，实现教育的全面发展。具体而言，融合发展视域下的小学语文美育教育要求应包括以下几方面：

第一，传统文化的传承与创新。通过学习经典文学作品，传承中华优秀传统文化，培养学生的爱国情怀和民族自豪感。同时，也要注重引入当代优秀文学作品，拓宽学生的文学视野，激发其对现实生活的思考和创新意识。

第二，审美情趣的培养。通过欣赏文学作品、美术作品等艺术形式，培养学生的审美情趣和审美能力，使其具有鉴赏美的眼光和感受美的心灵。同时，要注重培养学生的美学思维，引导他们从美的角度去审视世界，形成积极向上的人生态度。

第三，语言表达能力的培养。通过朗读、背诵、写作等形式，提升学生的语言表达能力，培养其良好的语言文字素养。在此过程中，要注重培养学生的情感表达能力和想象力，使其在语言表达中既能准确地传达信息，又能唤起读者的共鸣和情感共鸣。

第四，创造性思维的培养。通过文学创作、美术创作等活动，激发学生的创造性思维，培养其独立思考和创新能力。在此过程中，要注重培养学生的想象力和创造力，引导他们勇于表达自我，敢于探索未知，不断追求美好。

三、融合发展视域下语文美育教育的策略

在推进小学语文美育教育的融合发展视域下，需要采取一系列策略，以确保该领域的全面发展，主要包括以下几方面：

第一，制定课程标准和教学指南。为了确保小学语文美育教育与融合发展理念相契合，必须建立符合这一理念的课程标准和教学指南。这些标准和指南应当明确规定教学目标、内容体系和评价标准，为学校和教师提供有效的指导和支持，以保证教学质量的提高。

第二，加强师资队伍建设。为了更好地实施小学语文美育教育，必须加大对师资队伍的培训力度，这意味着提供更多的培训资源，以提高教师的美育素养和教学能力，激发他们的教学创新和探索精神。只有这样，教师才能更好地引导学生，促进其全面发展。

第三，建设优质教学资源。为了丰富小学语文美育教学内容，必须积极开发和整合优质的教学资源，这些资源包括经典文学作品、美术作品、音乐作品等，它们将为学生提供丰富多彩的学习体验和创作空间，促进其审美情感和文化素养的提升。

第四，拓展校园文化活动。为了营造浓厚的语文美育氛围，必须组织丰富多彩的文化活动，这些活动可以包括朗诵比赛、诗歌创作、美术展览等，它们将为学生提供展示才华和交流心得的平台，同时激发他们的学习热情和创造力。

第五，加强家校合作。为了更好地支持学生的语文美育教育，必须加强家校合作。这意味着要积极开展家长讲座、家校联谊等活动，加强家校沟通和合作，共同关注学生的发展需求，形成学校、家庭和社会的良好教育共同体。

总而言之，推进小学语文美育教育的融合发展需要多方共同努力，只有通过制定课程标准、加强师资建设、建设优质教学资源、拓展校园文化活动和加强家校合作等策略的综合实施，才能有效促进学生的全面发展和提高教育质量。

第五节 融合发展视域下的语文劳动教育

一、融合发展视域下语文劳动教育的要素

"新时期的劳动教育外在目标是通过学习使学生掌握一定的劳动知识与技术，并最终成为社会所需要的劳动者，其内在核心是培养学生对劳动的热爱，树立正确的劳动价值观念，劳动者在这个过程中所表现出的优良个性品质以及良好

劳动的修养，是劳动教育的重要成果体现。"①小学语文劳动教育是指通过劳动实践活动，培养学生的语文素养、实践能力和创新精神的教育过程，其要素主要包括以下几方面：

第一，语文素养培养。小学语文教育的劳动教育不仅仅是简单的动手操作，更是一个综合性的教育过程，其目的是培养学生的语文素养。在这个过程中，学生通过参与各种劳动活动，接触到丰富的文字信息，从而提高了他们的阅读理解能力和书写表达能力。这种实践中融入语文教育的方式，使得学生在实践中不仅学会了具体的操作技能，更重要的是学会了如何理解和运用文字信息，这是语文素养的重要组成部分。

第二，实践能力培养。小学语文劳动教育注重培养学生的实践动手能力。在劳动实践中，学生需要亲自动手去完成一系列的任务，这不仅锻炼了他们的观察分析能力，更重要的是培养了他们动手解决问题的能力。通过实践，学生逐渐掌握了操作技能，并且学会了如何在实际情境中应用这些技能，这对他们未来的生活和学习都具有重要意义。

第三，创新精神培养。在小学语文劳动教育中，学生不仅仅是简单地按照指导去模仿操作，更重要的是要发挥自己的想象力和创造力，探索新的解决问题的方法。这种注重创新的教育方式，可以激发学生的创造力和求知欲，培养他们不断探索、勇于创新的意识和能力，为他们未来的发展奠定良好的基础。

二、融合发展视域下语文劳动教育的作用

小学语文劳动教育在融合发展视域下具有重要的作用，主要体现在以下几方面：

第一，促进语文教育的全面发展。传统的语文教育注重学生的语言文字表达能力的培养，这在提升学生的阅读理解和写作水平方面发挥了重要作用。然而，随着教育理念的不断更新和社会需求的不断变化，对学生综合素养的培养提出了更高的要求。在这一背景下，小学语文劳动教育作为一种新兴的教育形式，受到了越来越多教育工作者和家长的关注。小学语文劳动教育不仅仅是为了培养学生的语文素养，更重要的是通过实践性的劳动活动，促进学生的全面发展，包括动手能力、创新精神等方面的提升。

---

① 莫雅淇.小学语文教学中融入劳动教育的策略研究[D].重庆：西南大学，2022：1.

第二，培养学生的实践能力和创新精神。小学语文劳动教育强调通过实践活动来培养学生的实践操作能力和解决问题的能力，这种以实践为导向的教育方法，不仅使学生能够掌握具体的技能和操作技巧，还能够培养其动手解决问题的能力。例如，在小学语文劳动教育中，学生可以通过编写故事、制作手工作品等活动，提升其创新意识和创新能力，这种锻炼不仅仅是为了应对学术挑战，更是为了培养学生在未来社会生活和工作中的创新能力。

第三，提升学生的社会适应能力。小学语文劳动教育不仅仅是在校内进行的一种课程活动，更重要的是能够将学生的学习与社会实践相结合。通过参与各种实践活动，学生能够感受到社会的存在和需求，提升其社会适应能力。例如，学生可以通过参与社区服务活动、志愿者活动等，了解社会的多样性和复杂性，培养自己的社会责任感和担当精神，这种通过实践活动增强学生社会适应能力的教育方式，可以帮助学生更好地适应社会生活。

三、融合发展视域下语文劳动教育的策略

要推动小学语文劳动教育在融合发展视域下的实施，需要采取一系列有效的策略，主要包括以下几方面：

第一，制定合理的教育教学方案。学校在设计这些方案时，应充分考虑学生的实际情况和教育需求，以确保教育活动能够顺利展开并有效实施，这种方案应当明确教育目标和实施步骤，使教学活动具有针对性和可操作性。例如，可以根据学生的年龄特点和学习能力，制定不同层次的教学目标，并明确每个阶段的教学内容和方法，从而确保教学过程既有针对性又符合学生的接受能力。

第二，结合实际情况进行活动设计。在设计教育活动时，教师应当充分考虑学生的实际情况和兴趣爱好，设计具有挑战性和趣味性的活动，以激发学生的学习热情。例如，可以结合学生的生活经验和实际情况，设计与生活紧密相关的语文劳动活动，使学生在实践中感受到语文知识的实用性和重要性，从而增强他们学习语文的兴趣和动力。

第三，注重师生互动与合作。在教育过程中，教师应该与学生建立良好的师生关系，积极引导学生参与到教育教学活动中来，注重师生之间的互动与合作。例如，可以通过小组合作、角色扮演等方式，促进学生之间的交流与合作，让他们在合作中共同探讨问题、解决问题，从而提高语文劳动教育的效果。

第四，积极倡导家校合作。学校应该积极倡导家校合作，将语文劳动教育纳

入家长教育的范畴，加强学校与家庭之间的沟通与合作。例如，可以组织家长参与到教育教学活动中来，让他们了解学校的教育教学工作和教育教学目标，从而更好地配合学校的教育工作，共同关注学生的成长发展，形成良好的育人合力。

第五，加强评价与反思。在教育教学活动结束后，需要对教育教学效果进行评价与反思，及时发现问题，加以改进，不断提高教育教学质量，确保教育教学目标的顺利实现。例如，可以通过教学观摩、教学评估等方式，收集学生和教师的反馈意见，从而找出教育教学中存在的问题，并及时采取措施加以改进，以提高教育教学质量，推动小学语文劳动教育的不断发展和完善。

总而言之，融合发展视域下的小学语文劳动教育是当前教育改革的重要方向之一。通过劳动实践活动，培养学生的语文素养、实践能力和创新精神，促进学生的全面发展，为其未来的发展奠定坚实的基础。因此，学校和社会应该共同努力，推动小学语文劳动教育在融合发展视域下的深入实施，为培养德智体美全面发展的学生做出积极贡献。

结束语

　　小学语文教育作为整个教育体系的基础，不仅关系着学生语言能力的培养，还关系学生思维能力、审美观念、文化修养等多方面的发展。在发展视域下，我们更应当从多元、全面、深入的角度去审视和反思小学语文教育的现状和未来。

　　从教学内容而言，小学语文教育需要更加注重知识的系统性和连贯性，同时要注重知识的实用性和趣味性，这要求教师在教学过程中，不仅要注重知识点的传授，更要注重培养学生的语文素养和综合能力。此外，随着社会的不断发展，小学语文教育也需要与时俱进，不断更新教学内容和教学方法，以更好地适应时代的需求。

　　从教学模式而言，语文教学需要打破传统的单一教学模式，探索更加多元化、个性化的教学方式。例如，可以通过小组合作、情景模拟、角色扮演等方式，让学生在互动中学习和成长。同时，也可以利用现代科技手段，如多媒体教学、网络教学等，为学生提供更加丰富多样的学习资源和学习环境。

　　此外，还需要关注小学语文教育的评价体系。传统的以考试成绩为主的评价方式已经无法满足现代教育的需求，需要建立更加全面、科学的评价体系，注重对学生综合素质的评价，以更好地指导学生的学习和发展。

　　总而言之，发展视域下的小学语文教育及模式研究是一个长期而复杂的过程，需要不断探索、实践和创新，以更好地适应社会的需求和学生的发展；也需要保持开放的心态和谦虚的态度，不断学习和借鉴先进的教育理念和教学方法，为小学语文教育的发展贡献自己的力量。

参考文献

一、著作类

[1]董玲.高校美育课程建设与艺术审美研究[M].北京：国家行政学院出版社，2018.

[2]孙晓辉，付文生.守望小学语文教育[M].成都：电子科技大学出版社，2016.

[3]周一贯.小学语文教育的文化观[M].南昌：江西教育出版社，2021.

[4]胡冰茹，周彩虹.小学语文课程教学与设计[M].苏州：苏州大学出版社，2020.

[5]李艳.小学语文教育创新实践研究[M].长春：吉林文史出版社，2021.

二、期刊类

[1]孟颖凤，袁征.汉字文化融入小学语文教学的路径研究[J].教育艺术，2023（11）：50.

[2]刘丽.小学语文渗透传统文化的策略探讨[J].试题与研究，2023（33）：88.

[3]刘雪梅.小学中高年级语文教育高质量发展策略[J].亚太教育，2023（2）：165.

[4]侯爱华.小学语文高质量课堂创建的思考研究[J].小学生作文辅导（上旬），2020（6）：65.

[5]巩世堂.教师专业发展视域下小学语文高效课堂的构建策略研究[J].教师，2022（18）：36.

[6]刘磊萌.小学语文教学中融入德育的教学策略研究[D].洛阳：洛阳师范学院，2022：26.

[7]朱小青.五育融合视域下小学语文教学策略探究[J].教师博览，2023（27）：49.

[8]高原.小学语文教学中如何实施美育浅析[J].青海教育，2023（Z2）：69.

[9]莫雅淇.小学语文教学中融入劳动教育的策略研究[D].重庆：西南大学，2022：1.

[10]杜倩.探讨小学语文古诗词人文教育[J].文理导航（下旬），2024（2）：7-9.

[11]吴英华.传统文化与小学语文教学相融合的实践探索[J].中华活页文选（教师版），2023（17）：106-108.

[12]高红.在小学语文教学中渗透德育的六条途径[J].读写算，2023（30）：40-42.

[13]周莉.小学语文"立学课堂"课外延伸教学[J].江西教育，2024（3）：62-63.

[14]纪璎璎.创新理念指导下开展小学语文课堂教学的策略探究[J].小学生（中旬刊），2024（1）：73-75.

[15]张颖.走向高效小学语文课堂"读思达"教学法的路径和方法[J].读写算，2024（2）：65-67.

[16]章彩霞.基于单元教学的小学语文课堂导入方法探讨[J].小学生（上旬刊），2024（1）：61-63.

[17]朱莉萍，鲍子奇.大数据背景下小学语文智慧课堂教学模式构建策略研究[J].上海教育，2024（1）：72-73.

[18]时金怡.小学语文课堂探究性学习教学引导初探[J].启迪与智慧（上），2024（1）：51-53.

[19]夏萌.家校共育背景下小学语文教育中的经典诵读策略研究[J].中华活页文选（教师版），2023（13）：61-63.

[20]王玲，李莲春.小学语文美育作业设计与实践浅探[J].安徽教育科研，2023（35）：99-101.

[21]张晓燕.论家庭教育对小学语文德育教育的支持[J].当代家庭教育，2023（20）：146-148.

[22]殷雪虹.初探小学语文朗读教学中的审美教育[J].教师博览，2023（27）：43-45.

[23]张英.小学语文课堂教学中的德育渗透[J].读写算，2023（33）：53-55.